예수님처럼
친구가 되어 주라

Befriend

Copyright © 2016 by Scott Sauls
Originally published in English in the U.S.A. under the title: *Befriend*
by Tyndale House Publishers, 351 Executive Drive, Carol Stream, IL 60188, U.S.A.
All rights reserved.

This Korean edition copyright © 2017 by Duranno Ministry
with permission of Tyndale House Publishers, Inc.

본 저작물의 한국어판 저작권은 Tyndale House Publishers, Inc.와 독점 계약한 두란노에 있습니다.
신 저작권법에 의하여 한국 내에서 보호를 받는 저작물이므로 무단 전재와 무단 복제를 금합니다.

예수님처럼 친구가 되어 주라

지은이 | 스캇 솔즈
옮긴이 | 정성묵
초판 발행 | 2017. 3. 13
2쇄 발행 | 2023. 1. 11
등록번호 | 제1988-000080호
등록된 곳 | 서울특별시 용산구 서빙고로65길 38
발행처 | 사단법인 두란노서원
영업부 | 2078-3333 FAX | 080-749-3705
출판부 | 2078-3332

책값은 뒤표지에 있습니다.
ISBN 978-89-531-2769-2 03230

독자의 의견을 기다립니다.
tpress@duranno.com www.duranno.com

두란노서원은 바울 사도가 3차 전도 여행 때 에베소에서 성령 받은 제자들을 따로 세워 하나님의 말씀으로 양육하던 장소입니다. 사도행전 19장 8-20절의 정신에 따라 첫째 목회자를 돕는 사역과 평신도를 훈련시키는 사역, 둘째 세계선교™와 문서선교^{단행본·잡지} 사역, 셋째 예수문화 및 경배와 찬양 사역, 그리고 가정·상담 사역 등을 감당하고 있습니다. 1980년 12월 22일에 창립된 두란노서원은 주님 오실 때까지 이 사역들을 계속할 것입니다.

예수님처럼
친구가 되어 주라

스캇 솔즈 지음 | **정성묵 옮김**

두란노

당신에게 이 책을 권합니다

쉽게 잘 읽히는 이 책에서, 스캇 솔즈는 우정의 프리즘으로 그리스도인 삶 전체를 들여다본다. 이는 신학적으로 꼭 필요한 프로젝트다. 복음이 하나님을 우리의 적이 아닌 친구로 만들 때, 우리가 우리의 연약한 모습만이 아니라 친구이신 예수 그리스도 안에서의 정체성까지 받아들일 때, 그때 우리는 새로운 모습으로 세상에 들어갈 수 있다. 스캇 솔즈가 명쾌하게 보여 주듯이, 기독교는 우정의 종교다. 이 책은 우리 삶 전체를 복음과 일치시키라고 권면할 뿐 아니라 실제 방법까지 친절하게 알려 준다.

팀 켈러 _리디머장로교회 담임목사, 《팀 켈러의 정의란 무엇인가》 저자

이러한 책을 읽을 때마다 하나님의 백성이 이 시대를 위해 그분의 선하심과 은혜로 일어날 것이라는 희망을 얻는다. 이 책을 읽는 동안 다양한 사람과 진정한 우정을 쌓아 이 시대를 향한 하나님의 계획을 더 분명히 볼 수 있게 되기를 바란다. 스캇이 이 주제로 목소리를 내 준 것이 더할 나위 없이 고맙다.

매트 챈들러 _빌리지교회 목사, 액츠29네트워크 대표

오늘날 우리의 아주 심각한 문제 중 하나는 외로움이다. 우정은 쌓기도 힘들지만 유지하기는 더더욱 힘들다. 고립과 피상적인 관계는 쉽지만 영혼을 죽인다. 그런데 존경하는 스캇 솔즈는 '깊은 우정'이라는 기독교의 비전을 제시한다. 이 책은 지혜롭고 성경적이며 실용적이다. 당신의 삶을 변화시키는 데 큰 도움이 될 것이다.

러셀 무어 _남침례교 윤리종교자유위원회 회장

오늘날 그리스도인들은 세상에서 빛을 발하기보다는 세상을 향해 손가락질하기로 악명이 높다. 이제 우리가 고린도전서 13장에 나온 사랑을 품고 이 나라는 물론이고 전 세계로 나아가 원래대로라면 피했을 사람들의 친구가 되어 주면 어떨까? 바로 이것이 스캇 솔즈가 이 책을 통해 우리에게 던지는 도전이다. 우리는 관계의 담을 의식조차 못할 때가 많다. 그런데 이 책은 그 담을 과감히 허물어 모든 종류의 사람을 예수님께로 가까이 이끌 수 있도록 도와주는 시의적절한 지침서다.

리처드 스턴스 _월드비전 회장

이 책에서 스캇 솔즈는 진정한 관계가 무엇인지를 보여 준다. 그는 페이스북에서 이뤄지는 소위 '친구 맺기'와 '진정한 친구가 되는 것'의 차이점을 비교하면서 외로움에서 벗어날 수 있는 탈출구를 가르쳐 준다. 세상에는 값싼 '좋아요'가 발에 채인다. 그러나 솔즈는 '진짜 사랑'으로 돌아가는 길을 가리킨다. 꼭 필요한 책이 꼭 필요할 때 나왔다.

엘리자베스 하셀벡 _토크쇼 진행자

이 책에 담긴 힘과 충격, 양심을 찌르는 지적은 대단했다. 그중에서도 나를 강하게 일깨워 준 말은 그의 입으로 전해진 주님의 말씀이었다. 더 놀라운 사실은 예수님이 이런 말씀을 하셨을 뿐 아니라 삶으로 실천하셨다는 것이다. 이 책은 바로 이런 삶에 집중하게 한다. 진리에 굳게 서고 사랑하는 데 재빠른 삶. 이 아름다운 단어의 향연을 통해 내 영혼에 일어난 일을 생각하면 그저 놀라울 따름이다.

댄 월게머스 _십대선교회(YFC) 회장 겸 CEO

우리 그리스도인은 사랑이 '그중의 제일'이라는 건 알지만 다른 사랑받는 죄인을 사랑하는 데는 지독히 서투르다. 아주 읽기 쉽고 때에 맞게 출간된 이 책에서 스캇 솔즈는 성경과 대중문화, 자기 삶 속을 샅샅이 뒤져 우리가 사랑해야 하지만 잘 사랑하지 못하는 여러 부류를 밝힌다. 이 책으로 우리가 그리스도 안에서 사랑받고 있다는 사실을 더 많은 사람이 알기를 바란다. 이것을 알아야 남들을 제대로 사랑할 수 있다.

케이틀린 비티 _〈크리스채너티 투데이〉(Christianity Today) 편집장

스캇 솔즈는 책에서 예수님이 고맙게도 우리에게 먼저 친구가 되어 주셨다는 사실을 깨달아야 남들에게 친구가 되어 줄 수 있다고 말한다. 이 책은 지혜롭고 실용적이다. 솔즈는 무엇보다도 문제로 가득한 이 시대에 예수님이 필요함을 인정한다. 그 모습을 통해 우리도 예수님의 필요성과 우리 자신의 문제를 발견할 수 있다. 이 책을 읽는 이마다 예수님을 바라보게 될 것이다. 솔즈에게 고개 숙여 감사한다.

잭 에스와인 _리버사이드교회 목사

고립과 외로움, 사회적 분열의 시대이지만 예수님이 권하시는 것을 교회가 제시할 놀라운 기회가 있다. 그것은 필요로 하는 모든 사람에게, 즉 온 인류에게 공동체가 되어 주는 것이다. 누구라도 무장해제 시키는 솔직함과 철저한 현실주의를 바탕으로 쓰인 이 책에서 스캇 솔즈는 복음으로 우리가 사람을 가리지 않고 누구에게나 친구가 되어 줘야 한다는 점을 보여 준다. 이 시대에 꼭 필요한 책이다.

브라이언 피커트 _〈헬프〉공저자

스캇 솔즈는 놀라운 보물이다! 이 책에서 그는 더 좋은 길을 찾기 위해 자신의 길을 내려놓는 법을 가르쳐 준다. 솔직하고 투명하고 재미있다. 더 좋은 길은, 자유와 기쁨과 친밀한 공동체와 안전한 항구, 교회와 사회에서 소외당하는 자들을 향한 따스한 환대가 가득한 길 곧 예수님의 길이다. 이 책을 읽고 가슴에 새기기 바란다!

제레미 코트니 _선제적 사랑 연대(Preemptive Love Coalition) 회장 겸 CEO

이 책은 '친구 사귀기'라는 일상에 관한 책이다. 실용적일 뿐 아니라 우리가 무관심과 의심, 적대감까지 넘어 하나님이 지극히 사랑하신 세상을 사랑할 수 있도록 도와주는 목회적인 책이다. 장마다 보기 드문 겸손과 성경적인 지혜가 듬뿍 묻어 나온다. 그의 이야기는 믿을 만하다.

젠 폴록 미셸 _Teach Us to Want(원하게 가르쳐 주소서) 저자

스캇 솔즈가 어려운 주제를 피하는 모습은 한 번도 본 적이 없다. 그가 예수 그리스도 안에서 넘치는 하나님의 은혜를 보여 줄 기회를 마다하는 모습도 본 적 없다. 이 정죄와 고립, 두려움의 시대에 솔즈는 우리가 예수 안에서 어떤 친구를 가졌는지 보여 준다.

콜린 한센 _〈복음 연합〉(The Gospel Coalition) 편집장

이 책은 아름답고, 중요하고, 더 좋은 뭔가로 우리를 부른다. 손쉽고 피상적인 가짜 관계를 위해 복잡한 진짜 관계를 쉽게 내던지는 시대에 스캇 솔즈는 거짓의 그늘에서 진정한 우정의 빛 가운데로 나오라고 촉구한다. 소셜 미디어 세상에서 관계 맺는 법에 조금이라도 반감을 느낀 적이 있는가? 그렇다면 이 책에서 우리가 누구이며 서로 어떻게 관계를 맺도록 창조되었는지에 관해 정연한 설명을 발견할 수 있다. 내 친구 스캇 솔즈의 지혜와 용기, 목소리에 진심으로 고맙다.

러스 램지 _목사, *Behold the King of Glory*(영광의 왕을 보라) 저자

요즘 세상에서는 생각이 비슷한 사람끼리 소셜 미디어의 지하실에 숨어 서로를 인간이 아닌 댓글이나 인구 통계 자료, 고정 관념 정도로 대상화한다. 그런 가운데 스캇 솔즈는 서로 다른 사람과의 우정이 얼마나 강력한지를 부드럽게 선지자다운 목소리로 일깨워 준다. 이 책은 늘 '다른 사람' 속에서 하나님의 형상을 보시는 예수님의 습관을 다시금 기억하게 해 준다. 시의적절해서 어서 읽어 봐야 할 책이고, 읽고 나면 마음이 치유된다.

마크 세이어스 _호주 멜버른 레드교회 담임목사

양극화된 우리 사회를 괴롭히는 분열의 상처를 어디서부터 어떻게 치유해야 할까? 말로 아무리 떠들어 봐야 소용이 없다. 찾아가서 얼굴을 맞대고 실제 관계를 맺어야 한다. 이것이 스캇 솔즈의 단순하면서도 심오한 이 책이 그토록 귀하고 시의적절한 이유다. 솔즈는 방대한 사례를 동원해 다양한 각도에서 분열의 씨앗을 조각내고, 우정이야말로 막힌 곳을 여는 열쇠임을 명쾌하게 설명한다.

브렛 맥크라켄 _*Hipster Christianity*(힙스터 기독교) 저자

스캇 솔즈는 중요한 진리 하나를 알고 그 진리에 관해 읽기 쉬우면서도 끈덕지게 도전하는 책을 썼다. 그 진리란, 신학적 가르침과 도덕적 교훈을 머리로 아는 것보다 위험을 무릅쓰고 관계를 맺을 때 복음이 우리 가운데서 살아난다는 것이다. 진정한 우정을 가지고 자신을 완전히 열어 남들에게 내어 주는 것은 육신을 입고 우리 가운데 오신 하나님의 방법이다. 가느다란 선으로 겨우 묶여 있는 오늘날의 문화 환경 속에서 이 책은 우정의 중요성을 다시금 일깨워 준다. 감사하게도 교회는 세상에서 이런 우정을 맺는 소명을 아직 완전히 잃어버리지 않았다.
레이 스프루일 _테네시 주 내슈빌 세인트조지교회 목사

하나님의 백성은 두 가지 희생을 피해야 한다. 진리의 제단에서 사랑을 희생시키는 것과 사랑의 제단에서 진리를 희생시키는 것. 방송이나, 안타깝게도 적잖은 설교단을 채우고 있는 공허한 말에 지친 우리에게 스캇 솔즈의 목소리는 시원한 새 바람과 같다. 날카로운 통찰과 유려한 글로 솔즈는 세상에 부드러우면서도 강하게 참여하는 법을 보여 준다.
매트 스메서스트 _〈복음 연합〉 편집장

'사랑'과 '소속'이라는 단어만큼 예수님과 제자들의 삶을 잘 대변해 주는 말도 없다. 이 책에서 스캇 솔즈는 '남', 아니 다른 '우리'와 진정한 우정을 맺을 용기를 준다. 이것은 우정을 해부한 책이다. 사랑으로, 생명으로 이어지게 한다.
그레그 프롬홀즈 _다큐멘터리와 비디오 감독, 루비콘 아일랜드(Rubicon Ireland) 창립자

차례

추천의 글 _4

서문: 앤 보스캠프
지나칠 것인가, 손잡을 것인가 _16

Part 1.
사랑을 잃어버린 세상, 우정을 잃어버린 기독교

사랑할 이들을 외면한 채
복음을 부르짖다

1. 피상적인 교제, 외로움만 증폭되다 _24
2. 거울 속에 보이는 사람이 병들어 있다 _34
3. 사랑받은 대로 사랑하는 삶을 시작하라 _45

Part 2.
사랑에 물들면 사랑할 사람들이 보인다

우리의 친구는
누구인가

▶ 탕자와 바리새인
4. 상처를 준다는 건 상처가 많다는 뜻이다 _60

▶ 우울한 사람과 불안해하는 사람
5. 마음의 추락, 쿠션이 필요하다 _70

▶ 수치에 매인 사람
6. 비방의 독화살, 남도 쏘고 나도 쏜다 _80

▶ 당신이 통제하고 싶은 사람
7. 타인을 통제하는 건 하나님께 훈수 두는 것이다 _92

▶ 가까운 친구와 배우자
8. 아직 흠이 있지만, 우리는 공사 중이다 _104

▶ '남녀 간 결혼'의 울타리 밖에서 성을 추구하는 사람
9. 안 보이는 길을 비춰 줄 빛을 찾고 있다 _117

▶ 역기능 가정의 사람
10. 가족에게 기대하고 목맬수록 외로웠다 _130

▶ 어린아이
11. 기성세대가 정한 대본대로 움직이지 않는다 _144

▶ 죽음을 앞둔 사람
12. 현실보다 더 분명한 진실을 본다 _153

▶ 경제적으로 가난한 사람
13. 도움은 필요하지만, 폄하는 아프다 _165

▶ 다른 인종의 사람
14. 인종 차별은 생각보다 뿌리 깊다 _175

▶ 사회 부유층과 권력층
15. 사명과 탐욕 사이에서 늘 갈등한다 _193

▶ 용서하기 힘든 가해자
16. 죄가 클수록 가장 용서가 필요한 사람이다 _204

▶ 낙태의 기로에 놓인 임신부와 태아
17. 생명을 저울질할 수는 없다 _214

▶ 도피처를 찾아 떠도는 난민
18. 담장 안에만 머무는 사랑은 사랑이 아니다 _228

▶ 정치 성향이 다른 사람
19. 정치적 입장이 달라도 함께 예배할 수 있다 _242

▶ 장애를 가진 사람
20. 고난 속에서 하나님과 화해한 영혼이 가장 강하다 _253

Part 3.
그분의 용납과 사랑 안에 충분히 머물라

예수님과 함께,
예수님처럼

21. '예수님과 함께'가 먼저다 _268

주 _281

서문

지나칠 것인가, 손잡을 것인가

_ 앤 보스캠프 《천 개의 선물》 저자

처음 이 지역으로 이사해 농장에 정착했을 때, 이웃에 한 나이 지긋한 농부가 살고 있었다. 그는 우리 집의 서쪽에 살았고, 그의 형은 동쪽에 살았다. 하루는 그에게서 재미있는 이야기를 들었다.

그 농부는 형이 근처의 빈 집에서 홀로 깰 때마다 외로울까 봐 걱정했다. 그래서 밤마다 자기 자녀 중 한 명에게 심부름을 시켜 형의 집 현관 앞에 우유 통을 놓고 오게 했다. 소에게서 우유를 넉넉히 얻어서 그럴 수 있었다고 했다. 그는 형이 우유에 담긴 자신의 사랑을 느끼며 외로움을 잊기 바랐다.

그런데 형은 형대로 동생 집에 음식이 충분하지 않을까 봐 걱정했다. 그래서 항상 땅거미가 지면 몇 십 개의 달걀을 동생 집 현관 앞에 뒀다. 암탉들이 달걀을 넉넉히 낳은 덕에 그럴 수 있었고, 동생네 가족이 배불리 먹고 따뜻한 형제애도 느끼기 바랐다.

어느새 봄이 찾아와 이 농부의 집 뒤편 습지에 개구리들의 노랫소리가 돌아왔다. 개골개골 사랑의 노래가 온통 어두운 세상에 흥을 더하던 어느 이른 봄밤, 농부는 그날따라 몸소 우유 통을 메고 동쪽으로 향했고 형도 달걀 꾸러미를 들고 서쪽으로 향했다. 결국 메이틀랜드 강을 가로지르는 다리의 남쪽에서 두 형제가 만났다. 어둠 속에서 서로 마주쳤다. 너무 비슷해서 딱 봐도 형제임을 알아볼 수 있는 얼굴.

푸른빛이 도는 밤하늘 아래서 두 사람은 따스한 땅바닥에 앉아 개구리의 교향곡과, 서로의 삶이 서서히 열리는 소리에 귀를 기울였다. 토머스 풀러는 말했다. "영원히 함께하고 싶은 사람들과 좋은 때에 함께하는 게 가장 좋다." 영원한 친구가 되고 싶은 사람에게 지금 친구가 되어 주는 게 가장 좋다. 하나님께 더 가까이 다가가게 해 주는 모든 사람을 친구로 여기는 게 가장 좋다.

해가 지평선 위로 느릿느릿 떠오르는 순간까지도 형제는 교차로에 앉아 있었다. '가장 참된 이야기'는 끊임없이 우리에게 다음과 같이 말한다. 우리의 길이 다른 사람의 길과 교차할(cross) 때마다 우리는 십자가(Cross)의 힘을 경험할 수 있다. 우리의 길이 다른 사람의 길과 만날 때마다 십자가가 높이 들린다. 또한 그 십자가가 두 사람을 모두 높이 들어 주님의 품에 안기게 할 수 있다. 우리의 길이 교차할 때 십자가가 우리를 친구로 만들어 줄 수 있다.

스캇 솔즈보다 이 글을 쓰는 데 적합한 사람은 도무지 생각이 나질 않는다. 솔즈만큼 만나는 모든 사람에게 십자가에 못 박히신 그리스도를 잘 보여 주는 사람은 여태껏 보지 못했다. 솔즈는 만나는 모든 사람에게 친구가 되어 준다. 정말 보기 드문 사람이다. 솔즈는 그리스도와 친구로서 동행하고, 친구로서 그분의 십자가를 짊어지고 있기 때문이다. 그래서 그는 누구에게나 우정의 표시로 그리스도의 은혜와 진리를 내민다. 그는 자신이 누구와 만나더라도 십자가로 인해 모든 것이 변할 수 있다는 사실을 누구보다 잘 알고 있다.

남편과 나는 힘겨운 질문과 씨름할 때 주저 없이 솔즈를 찾아간다. 그는 한밤중에 기도의 전사가 필요할 때마다 찾아갈 수 있는 친구다. 우리는 동료 순례자의 손, 구속받은 성도의 정신, 목사의 마음이 필요할 때마다 그를 찾는다. 가정에 위기가 찾아온 순간에, 절박하게 답을 찾는 동안, 며칠 내내 끊임없이 이어지는 오르막길에서, 매번 그는 깊은 통찰과 지혜와 절실한 격려, 우리 같은 자도 친구라 불러 주시는 예수님을 닮은 겸손하고도 솔직한 마음으로 우리 가족의 친구가 되어 주었다.

솔즈가 이 책을 쓸 수 있었던 것은, 그가 이 시대에 꼭 필요한 남성이자 아버지요 선구적인 사상가이며, 목사이자 문화적 목소리, 또 친구이기 때문이다.

세상은 우리에게 온갖 상처를 안겨 준다. 이 세상의 담론은 끊임없이 우리를 본궤도에서 이탈시키려고 한다. 우리는 외로움에 지칠 대로 지쳤고, 우리의 대화는 하루 빨리 변해야 한다. 이 기로에서 이 놀라운 책은 우리가 세상과 대화하는 방식을 완전히 바꿔 놓는 보기 드문 힘을 지니고 있다. 열쇠는 바로 우리가 그리스도와 소통하는 방식을 바꾸는 것이다.

지혜롭고 참신한 이 책은, 고립과 정죄, 두려움의 시대에 우리가 그리스도의 은혜와 희생적인 사랑, 능력으로 '서로 친구가 되는 시대'를 향해 한층 더 나아갈 수 있다는 밝은 희망을 준다.

농부 형제는 어두운 밤의 한복판에서 서로를 놓칠 수도 있었다. 그들은 말하지 않아도 잘 아는 서로의 아픔을 싸매 줄 기회를 놓칠 수도 있었다. 서로의 만남을, 십자가의 힘으로 일어설 거룩한 순간으로 삼을 기회를 놓칠 수도 있었다.

말씀을 잘 담아낸 이 책의 이야기에는 참으로 인생을 변화시키는 힘이 있다. 이 힘을 놓치지 마라. 당신의 길이 누구의 길과 교차되든 그것은 십자가의 힘으로 변화될 기회다.

자, 이제 C. S. 루이스의 말을 마음에 새기면서 이 귀한 책의 책장을 넘겨 보라. "우정은 서로를 알아본 우리 자신의 탁월한 분별력과 안목에 대한 보상이 아니다. 우정은 우리가 서로의 아름다움을 알아볼 수 있게 하기 위한 하나님의 도구다."

오늘 당신의 어둡고 외로운 길에서, 참된 친구이신 분을 서로에게 다시금 일깨워 줄 사람을 만나게 될지도 모른다.

;Befriend

Part 1

사랑을 잃어버린 세상,
우정을 잃어버린 기독교

사랑할 이들을 외면한 채
복음을 부르짖다

1

피상적인 교제,
외로움만 증폭되다

참된 우정은 힘들다. 그래서 사람들은 덜 진짜인 우정을 나눈다. 덜 진짜인 우정이 '덜한' 이유는 '진짜' 우정보다 덜 희생해도 되고, 덜 헌신해도 무방하며, 방해를 덜 받고, 덜 두렵고, 용기나 끈기도 덜 필요하며, 무엇보다 덜 불확실하기 때문이다. 이렇게 보면 좋기만 한 것 같지만 전혀 그렇지 않다. '덜 진짜'인 우정은 그만큼 '덜 풍성'하기 때문이다. 당장은 덜 진짜인 우정이 진짜 우정보다 더 좋고 편하게 느껴진다. 하지만 결국 혼자 외로움에 떨게 되어 있다. 그리고 혼자 있는 것은 좋지 않다(창 2:18 참조).

덜 진짜인 우정에는 몇 가지 형태가 있다.

디지털 우정

/

오늘날의 소셜 미디어 세상에서는 스크린을 통해 사람을 사귀는 것이 주된 인간관계 방식이 되었다. 심지어 오직 스크린을 통해서만 사람들을 만나는 사람도 있다. 요즘 10대 아이들이 한 방에 모여서도 서로 얼굴조차 보지 않고 문자나 소셜 미디어로 대화를 나누는 것은 희귀한 풍경이 아니다. 많은 사람이 만나지 않고도 소셜 미디어를 통해 서로 '친구가 되고'(friend) '좋아하고'(like) '따른다'(follow). 매주 글을 올리는 블로거로서 나는 소위 온라인 '공동체'라는 것을 갖고 있지만 '진짜 공동체'와는 거리가 멀다. 자기 공개(self-disclosure)가 한 방향으로만, 즉 내 키보드에서 다른 사람들의 스크린으로만 이루어지기 때문이다.

디지털 우정에도 긍정적인 측면이 많다. 하지만 디지털 우정 자체로는 진짜 우정을 대신할 수 없다. 진짜 우정과 달리 스크린을 통해 사람들을 사귀면, 가면 뒤에 숨기가 쉽다. 자신의 실제 모습을 거르고 편집해서 가장 좋고 가장 매력적이며 가장 단단한 모습만을 제시할 수 있기 때문이다.

디지털 우정이 주된 인간관계 방식이 되면 미묘하지만 중대한 변화가 일어난다. 진짜 친구들과 어울리는 복잡한 인간관계 속으로 들어가기보다는 단순히 서로에게 팔로워 팬이 되는 데 만족하게 된다. 가장 큰 맹점은 서로를 진정으로 알 수 없다는 것이다. 디지털 친구들은 서로의 전부가 아닌 일부만을 경험할 뿐이다. 온라인 관계가 진짜 우정보다 더 중요해지면 고립과 외로움이 줄어드는 게 아니라 오히려 더 깊어진다.

거래하는 우정

/

내 10년 지기 팀 켈러는 진짜 우정이 아닌 '거래하는 우정'의 문제점을 지적했다. 진정한 친구는 서로를 평생의 동반자로 여긴다. 서로를 이용하기보다는 섬기며, 저울질하기보다는 도와주고, 응원하고 격려하며, 용서하고 세워 준다. 참된 우정을 나누는 사이에서는 내 목표와 야망보다는 상대방이 잘되는 게 더 중요하다.

반면에 거래하는 우정, 사업을 위해 맺은 우정은 서로를 목적이 아닌 수단으로 대한다. 이런 관계에서는 사람들을 인간이 아닌 자원으로 본다. 자기 경력을 좋게 쌓거나, 성공의 발판을 마련하거나, 인맥을 넓히거나, 자존감을 높이거나('저 사람과 친해졌으니 이제 나도 거물급이지'), 과시하기 위해(유명인과 함께 찍은 사진을 SNS에 올림) 서로를 이용한다. 거래하는 우정의 문제점은 너무도 분명하다. 상대방과 만

나는 게 '얻는 것'보다 '잃는 것'이 크다고 판단하는 순간, 그 관계가 더는 자기 목표를 이루는 데 도움이 안 된다고 판단하는 순간, 그 사람을 버린다. 물론 같은 이유로 우리가 버림받을 수도 있다.

일차원 우정

/

오직 한 가지 관심사로만 이뤄진 관계가 일차원 우정이다. 공통 관심사는 취미에서 진로, 공통의 적, 교육 철학, 신앙까지 다양하다. 일차원 우정은 '일치'를 우선시한다. 그래서 서로의 견해나 신념, 행동에 이의를 제기하지 않고, 맹점도 지적하지 않는다. 이런 우정 관계에서는 다양성에서 비롯하는 자연스럽고, 구원하고, 인격을 키워 주는 긴장이 발생할 수 없다.

유명인사끼리만, 아이가 있는 사람끼리만, 결혼한 사람끼리만(혹은 결혼하지 않은 사람끼리만), 운동 마니아끼리만, 같은 정치 성향을 가진 사람끼리만, 젊은 세대끼리만(혹은 나이 든 세대끼리만), 그리스도인끼리만, 백인끼리만(혹은 유색 인종끼리만), 논리적인 사람끼리만(혹은 감성적인 사람끼리만), 부유한 사람끼리만, 즉 같은 부류끼리만 어울리면 관계는 반드시 빈곤해진다. 일차원 우정이 겉으로는 끈끈해 보여도 처음 서로에게 끌린 한 가지 면이 보다 광범위하고 깊은 차원으로 발전하지 않으면 피상적인 우정에 머물 수 있다.

위험하다,
그러나 꼭 필요하다

/

C. S. 루이스는 인간관계를 파헤친 역작 《네 가지 사랑》(*The Four Loves*, 홍성사 역간)에서 진정한 우정은 언제나 한 사람이 다른 사람을 보며 "너도?"라고 말할 때 '시작'된다고 했다.

공통 관심사나 열정이 계기가 되어 친구가 되는 건 지극히 자연스러운 일이다. 그 자체로는 문제가 안 된다. 예를 들어, 다윗과 요나단의 우정을 보라. 한 사람은 당시 보잘것없는 양치기였고 다른 사람은 왕자였다. 하지만 서로 둘도 없는 친구가 됐다. 사회경제적 지위는 하늘과 땅 차이였지만 "너도?"라는 말과 함께 우정이 싹텄다. 그리고 두 사람의 공통점은 바로 하나님에 대한 사랑이었다. 두 사람은 모두 하나님을 사랑했기 때문에 세상에서 가장 좋은 친구가 될 수 있었다.

다윗과 요나단의 우정은 "너도?"로 시작되었지만 그 깊이와 넓이는 계속 확장되었다. 하나님에 대한 사랑이라는 공통점은 서로에 대한 솔직함과 사랑, 신의로 발전했다. 다윗은 요나단이 전사한 뒤에 그의 아들 므비보셋을 입양할 정도로 요나단을 사랑했다. 므비보셋은 두 다리를 모두 절었다. 하지만 다윗에게는 그 장애가 걸림돌이 아니라 오히려 므비보셋을 꼭 데려와야 하는 이유였다(삼상 18-20장; 삼하 9장 참조).

서로에게 삶을 온전히 드러내 보이는 우정. 서로의 차이점을 초월해서 사랑하는 우정. 서로를 위해 목숨까지도 내놓는 우정. 이런 종류의 우정은 마치 두 개의 사포를 서로 문지르는 것 같은 효과를 낸다. 마찰은 서로를 불편하게 만든다. 하지만 두 사포는 모두 '그 마찰에도 불구하고'가 아니라 바로 '그 마찰 덕분에' 점점 더 부드러워진다.

진정한 친구는 서로의 의견에 동의할 뿐 아니라 거리낌 없이 이의를 제기한다. 장점만이 아니라 약점을 스스럼없이 지적한다. 좋은 시절만이 아니라 고생도 함께한다. 서로를 칭찬할 뿐 아니라 잘못한 일이 있을 때 사과하고, 서로 용서한다. 공통점을 중심으로 모일 뿐 아니라 친구의 차이점을 좋아하고 그 차이를 경험하며 배운다. 이처럼 우정이 한 차원에서 여러 차원으로 발전하면 관계의 풍성함이 찾아온다. 디지털 우정과 거래하는 우정, 일차원 우정이 참된 우정으로 발전한다. 진짜 우정은 서로에게 유익한 관계다.

C. S. 루이스는 진정한 우정의 핵심을 짚어 냈다.

> 뭐든 사랑하려면 마음이 괴롭고 심하면 찢어질 각오를 해야 한다. 상처 하나 없이 마음을 안전하게 지키고 싶다면 아무한테도 마음을 주지 마라. 심지어 동물한테도. 취미와 얄팍한 사치로 고이 싸 두라. 누구와도 얽히지 마라. 그저 마음을 이기주의의 관에 넣고 꼭 잠그라. 하지만 안전하고

어둡고 아무 움직임도 없고 공기도 통하지 않는 그 관 안에서 마음은 변한다. 상처를 입지는 않지만 부술 수도, 뚫고 들어갈 수도, 고칠 수도 없게 단단히 굳어 버린다.[1]

그렇다. 진짜 사랑, 진짜 우정은 위험하다. 희생이 따른다. 불편하다. 불안하다. 때로는 사포처럼 마찰이 일어난다. 하지만 그 반대편에는 '개인'이라는 관에 갇혀 굳어 버린 마음이 있다. 과연 자기 마음이 그렇게 되기를 진심으로 바라는 사람이 있을까?

이 책에서 앞으로 이어질 글들은 진짜 우정의 한 측면을 탐구한다. 모든 이야기가 실화이지만 일부 인명과 지명은 보호를 위해 바꿨다. 읽다 보면 이 모든 이야기를 관통하는 하나의 사실을 볼 것이다. 바로 가장 피하고 싶은 사람에게 다가갈 때 진짜 우정이 이루어진다는 것이다. 당신이 가장 피하고 싶은 사람은 누구인가? 바로 우리의 잘못된 시각을 지적하고, 우리를 화나게 만들고, 우리에게 사랑을 요구하는 사람들이다.

성경은 사랑이 모든 덕목 중에서 최고라고 말한다. 사랑은 오래 참고 온유하다. 시기하거나 자랑하지 않는다. 교만하지도 무례하지도 않다. 사랑은 불의를 기뻐하지 않고 진리와 함께 기뻐한다. 사랑은 모든 것을 참고, 모든 것을 믿으며, 모든 것을 바라고, 모든 것을 견딘다. 사랑은 영원하다(고전 13장 참조).

사랑 외에 영원한 것, 아니 영원한 분이 또 있다. 바로, 예수님이

시다. 예수님은 영원하시다. 비판과 고립, 두려움으로 가득한 세상에서 진정한 우정으로 가는 이 여행길의 백미는 바로 예수님을 만날 수 있다는 것이다. 이제 함께 주님을 만나러 가자.

이 책을 읽는 법

가장 좋은 방법: 공동체와 함께 읽으라

가장 좋은 방법은 공동체 친구들과 함께 읽는 것이다. 여러 사람을 이 여행으로 초대하라. 이왕이면 세상과 하나님을 바라보는 시각이 당신과 다른 사람이면 좋다. 이를테면 세대나 성, 정치 성향, 성격 유형, 인종이나 문화, 직업, 교파, 소득 수준, 조직 내 직책이 다른 사람을 찾으라. 그러고 나서 그들로 인해 당신 안에서, 당신으로 인해 그들 안에서 예수님이 어떻게 역사하시는지를 유심히 관찰하라. 당신과 그들 모두 반드시 변할 것이다.

두 번째로 좋은 방법: 매일 읽으라

두 번째로 좋은 방법은 매일 한 장(chapter)씩 읽는 것이다. 스물한 개 장은 하루에 충분히 읽을 수 있도록 모두 짧게 구성되었다. 연구에 따르면 하나의 습관을 기르는 데 21일이 걸린다고 한다. 따라서 이 책을 읽고 나면 포용하는 시선으로 사람들을 바라보는 습관을 덤으로 얻을 수 있다.

세 번째로 좋은 방법: 그냥 읽으라

여느 책을 읽듯이 평소 책을 들고 즐겨 찾는 곳으로 가서 혼자 읽는 것이다. 아예 읽지 않는 것보다는 혼자라도 읽는 편이 훨씬 낫다!

어떤 방법으로 이 책을 읽든 이 여행을 통해 하나님이 당신에게 복 주시기를 간절히 기도한다. 언제라도 테네시 주 내슈빌에 있는 내 사랑하는 친구들의 공동체인 그리스도장로교회(christpres.org)로 찾아와 이 책을 읽으면서 든 당신의 이런저런 생각을 나눠주길 바란다.

- 당신의 친구, 스캇 솔즈

: **저자의 생각 읽기**

진정한 우정, 신실한 우정, 차이를 초월한 우정이 있는가 하면 피상적인 수준의 우정이 있다. 덜 진짜인 우정은 우리를 외로움과 고립, 두려움에 빠뜨리지만 참된 우정을 통해서는 성장하고, 예수님을 더 잘 알게 된다.

: **성경의 생각 읽기**   삼하 1:26; 요 15:12-17

사람이 친구를 위하여 자기 목숨을 버리면 이보다 더 큰 사랑이 없나니 너희는 내가 명하는 대로 행하면 곧 나의 친구라(요 15:13-14).

: **당신의 생각 읽기**

1. 지금 당신이 나누는 우정은 어떤 모습인가? 대부분이 디지털 우정, 거래하는 우정, 일차원 우정인가, 아니면 진짜 우정인가?

2. 이 책을 계속 읽기가 두려운가, 아니면 기대되는가? 그 이유는 무엇인가?

2

거울 속에 보이는 사람이 병들어 있다

한번은 '제인'이란 친구가 내게 이메일을 보냈다.

스캇 솔즈 목사님께.

고백할 게 있어요. 제 안에 가득한 악에 대해서요. 이런 말씀을 드리기가 좀 조심스럽지만 들어 주세요. 가끔은 제가 예수님을 정말로 사랑하는지 의심스러워요. 그저 교회에서 사람들하고 어울리는 게 좋아서 믿는 척하는 것 같기도 하고요. 단지 친구를 얻기 위한 전략이라고나 할까요. 가끔은 제가 선의의 사기꾼처럼 느껴져요. 그래서 걱정이에요. 아무래도 저는 진정한 교인이 아닌 것 같아요.

― 번민 중에, 제인 올림

내가 제인에게 쓴소리를 한 직후 이 이메일이 날아왔다. 제인은 입이 가볍고 거칠었다. 입만 열면 욕을 했고 남들에게 상처 주는 말도 서슴지 않았다. 나는 성경 구절을 인용하며, 이 세상에서 예수님의 향기로서 온유의 열매를 맺어야 한다는 내용의 연설을 제인에게 한바탕 늘어놓았다.

'우리 말에서도 예수님이 묻어나야 한다. 은혜가 가득한 말. 죽이는 말이 아니라 생명을 주는 말. 사랑으로 진리를 일깨워 주는 말. 깔아뭉개는 말이 아니라 세워 주는 말. 비판하는 말이 아니라 격려하는 말. 저주가 아니라 축복의 말. 험담이 아니라 칭찬해 주는 말. 상스러운 말이 아니라 순결한 말. 앤 보스캠프가 말한 것처럼, 예수님은 우리가 영혼을 강건하게 해 주는 말을 쓰기 바라신다.'

열심히 설명하긴 했지만 제인이 어떤 반응을 보일지 몰라 걱정하던 차였다. 그러니 내가 저 이메일을 열어 보고 나서 얼마나 감동했겠는가. 솔직한 자기반성과 회개, 겸손. 내가 지금까지 알던 제인이 아니었다. 완전히 새 사람이 된 것 같았다.

아울러 제인의 이메일은 우리 모두가 기억해야 할 중요한 사실 한 가지를 말해 준다. 겉으로 보이는 허세는 내면의 두려움과 열등감을 가리기 위한 가면인 경우가 많다는 것이다. 지나치게 자신만 만한 겉모습은 대개 초라한 내면을 감추기 위한 위장전술이다. 제인의 경우가 그랬다. 허세와 교만처럼 보이는 것이 사실은 두려움과 자기회의를 감추는 가면이었다.

내면의 갈등을 솔직히 고백하는 글을 읽고 나니 제인을 사랑하고 존중하는 마음이 더 커졌다. 자기 치부를 솔직히 드러내는 것은 보통 용기로는 할 수 없는 일이다. 제인이 자랑스러웠다. 무엇보다도 제인을 통해서 내 모습을 봤다. 내 조언에 겸손하게 반응하는 글을 읽다가 문득 나를 부드럽게 지적하시는 성령의 음성이 느껴졌다. 나도 경건해 보이는 말과 행동으로 내 안의 두려움과 열등감을 감출 때가 참 많다.

제인이 가혹한 말을 쏟아 낸 이유는, 내가 스트레스를 받을 때 과식하고, 위협을 느끼거나 두려울 때 갑자기 가족들에게 불같이 성질을 내는 이유와 같다(내 아내는 그런 내 모습을 보고 "2초 만에 0에서 시속 100킬로미터에 이른다"라고 말했다). 또 내 안의 공허함을 '묻지마 쇼핑'으로 달래는 이유와도 똑같다. 여러 벌 있는데도 청바지를 또 사고, 집에 방치된 갈색 가죽 신발과 비슷한 신발을 또 살 필요가 있을까? 내 안의 망가진 자아를 고치기 위해 예수님께로 곧장 달려가야 하건만 나는 그러지 못할 때가 너무 많다.

솔직히 우리의 안은 다 병들어 있다. 그래서 우리는 정말 이상한 행동을 한다. 우리가 약하고 불안하고 두렵다는 사실을 빨리 인정할수록 서로를 사랑하기가 더 쉬워진다.

모든 사람이 앓고 있는
고질병

/

성경에 따르면, 우리 모두가 앓고 있는 병이 있다. 이 병은 자기 자신만을 보게 만든다. 그렇게 자기 밖을 보지 못하면 남들을 제대로 사랑할 수 없다. 이 병의 이름은 바로 '수치'다. 수치는 우리 영혼을 은근히 괴롭히는 부정적인 감정이다. 이 영혼의 독감은 우리가 부족한 사람이라고 끊임없이 속삭인다. 나이가 들수록 모든 사람이 수치와 싸우고 있다는 확신이 더 강해진다. "친절하게 굴라. 당신이 만나는 모든 사람이 남몰래 힘겹게 싸우고 있으니"라는 말을 들어본 적 있을 것이다.

수치. 나 자신이 뭔가 단단히 잘못됐다는 막연하고도 불안한 느낌. 이 수치는 자기 자신에게만 집착하고 남들의 어려움에는 무관심하게 만든다. 수치는 먼저 자신부터 고쳐야 다른 이를 섬길 수 있다고 말한다. 수치는 친구와 이웃들, 특히 가난하고 외롭고 억압받고 비참하게 사는 사람들에게 작은 유익이라도 끼칠 수 있으려면 더러운 자신부터 씻어야 한다고 말한다. 수치는 먼저 자신이 괜찮아야 남을 잘 돌볼 수 있다고 말한다. 수치는 자신이 건강하지 않으면 곁에 있는 사람들을 신경 쓸 겨를이 없다고 말한다.

어느 정도는 맞는 말이지만 우리는 뭐든 지나칠 때가 많다. 동산에서 아담과 하와의 수치가 드러났을 때 두 사람의 시선은 자기 자신에게로 쏠렸다. 아담은 자신의 벗은 몸을 가리기 위해 무화과 잎사귀를 찾았고 하와도 똑같이 했다. 두 사람은 하나님을 피해 도망쳤다. 또한 서로에 대한 사랑을 잃어버리고 등을 돌렸다. 아담은 하와를 탓하고 나아가 하나님을 탓했다. 하와도 하와대로 뱀에게 비난의 화살을 돌렸다. 그렇게 인류는 처음으로 지옥을 경험했다. 하나님의 얼굴과 서로에 대한 사랑에서 멀어진 게 지옥이 아니고 무엇이겠는가.

아담과 하와의 이야기는 우리의 이야기이기도 하다. 우리는 자신의 부족함을 잘 안다. 그래서 숨고, 비난의 화살을 돌리고, 가릴 것을 찾아 뛰어다니고, 최고의 자리에 오르려고 발버둥을 친다. 수치가 문을 두드리면 우리는 어떻게든 그 소리를 잠재울 대항서사를 만들어 낸다. 괜찮다는 확신을 줄 수 있는 것은 뭐든 붙잡고 본다. 외모, 지위, 직업, 가족, 유머, 우정, 종교, 섹스, 영향력, 재력까지 뭐든 이용해서 수치를 떨쳐 내고 자존감을 찾으려고 한다. 하지만 그 모든 '무화과 잎사귀'가 실망감을 안겨 주는 건 시간문제다.

2012년 내슈빌로 사역지를 옮기기 전 나는 금융업계 종사자들이 바글거리는 뉴욕의 한 지역에서 목회를 했다. 알다시피 2008년 대불황이 찾아오면서 금융업체들이 줄도산을 하고 수많은 금융인이 업계를 떠나야 했다. 그때 많은 사람이 돈과 일자리만 잃은 게 아니라 자존감까지 잃었다. 월스트리트에서 일하다 보면 점점 연봉이 곧 자기 정체성이라고 믿게 된다. 월스트리트에서는 '저 사람의 가치는 무엇인가?'라는 말이 곧 '저 사람의 몸값은 얼마인가?'를 의미한다. 인간의 가치가 본래의 존엄성이 아닌 연봉과 보너스, 자산에 따라 매겨진다.

그러니 연봉과 보너스가 사라지자, 자산이 반 토막이 남과 동시에 자존감이 무너져 내릴 수밖에 없었다. 런던의 한 억만장자는 2008년에 재산의 절반을 잃었다. 물론 그는 여전히 백만장자였고 삶의 질은 조금도 떨어지지 않았다. 하지만 그는 결국 자살을 선택했다. 재계 서열에서 밀려났다는 수치심이 그를 자기혐오와 절망에 이어 마침내 자해와 자살로 내몰았다.

내 모든 수치를 거둬 십자가에 못 박으신 분

/

부와 성공의 압박에서 해방될 길이 있다면? 재산이나 평판, 직업의 귀천, 일의 성과, 키와 몸매, 종교적 헌신, 도덕적 선이 아닌 예수님의 미소가 우리 자존감의 근원이 된다면? 더는 성과가 아닌 겸손이나 감사, 경이, 사랑의 삶, 작고 평범한 것에 충실한 삶에 따라 성공을 평가한다면? 수치와 남모르게 싸우던 것이 끝나서 자신을 감추는 데 정력을 낭비하지 않고 눈앞의 사람들을 사랑하는 데 온 힘을 쏟게 된다면?

목사로서 가장 기쁜 순간은 사람들에게 그런 길이 존재한다고 말해 줄 때다. 예수님은 우리에게서 수치를 거둬 십자가에 못 박으셨다. 예수님 안에서 우리의 심판 날이 미래에서 과거로 옮겨졌다. 사람들은 단 한 점 부끄러움도 없이 완벽하셨던 예수님을 벌거벗겨 침을 뱉고 조롱한 뒤에 십자가에 매달았다. 예수님은 우리의 구속과 치유를 위해 무자비한 수치와 괴롭힘을 당하셨다. 그로 인해 우리의 수치는 모든 힘을 잃었다.

부요하신 분이 우리를 위해 가난해지심으로, 우리에게 부요해질 길이 열렸다(고후 8:9 참조). 하지만 예수님이 주시는 부는 우리가 흔히 생각하는 부가 아니다. 그것은 수치를 없애는 부다. 그것은 힘을 주는 사랑의 부다. 그것은 그 런던 억만장자의 돈이 줄 수 없었던 확신과 보호, 인정을 제공하는 내면의 부다. 그리스도 안에서 부요해지면 돈이나 육체적 매력, 지식, 인맥, 명성처럼 우리가 그릇되게 부여잡고 있는 것에서 자기 가치를 찾을 필요가 없어진다.

그렇게 되면 우리의 '제인'이 숨은 곳에서 나와 안타까운 비밀을 털어놓을 수 있다. 그 비밀은 우리 안에 자신감이 아닌 두려움이 꽉 차 있다는 것이다. 우리 안에는 안정감이 아닌 불안감이 가득하다. 우리가 잘난 체하는 것은 사실상 속으로 열등감에 시달리기 때문이다. 우리가 2초 만에 0에서 시속 100킬로미터까지 치닫는 수준으로 화를 내는 것은 무시를 당할까 봐 두려워서다. 예수님이 주시는 구원하고 사랑하고 용서하는 부는 이런 두려움을 몰아낸다. 그 부를 얻으면, 우리가 잘할 때뿐 아니라 못할 때도 예수님께 온전히 사랑받는다는 확신 가운데 거할 수 있다. 예수님은 모든 것을 다 알면서도 우리를 사랑해 주신다. 예수님 안에서는 적나라하게 드러나도 거부를 당하지 않는다. 예수님 안에서는 벌거벗어도 창피하지 않다.

뭔가를 이뤄야 하거나 이름을 날려야 한다는 압박감에서 자유를 얻는다. 우리만의 대항서사를 써야 한다는 압박감에서 벗어난다. 온갖 무화과 잎사귀로 수치심을 가리려고 애쓰는 피곤한 삶에서 해방된다. 예수님의 이름만으로 충분해진다. 예수님의 이야기만으로 충분해진다. 예수님의 이름은 자신에 대한 집착에서 우리를 해방시킨다. 그분의 은혜와 사랑은, 우리의 마음과 얼굴을 다른 이에게로 향하고 모든 사람을 우리와 동등하게 대접하며 담대하고 강한 사랑을 실천할 내면의 부를 제공한다.

당신은 이미
온전한 사랑을 받고 있다

/

작년에 목사를 비롯해 각계각층을 대표하는 인사들이 가득 모인 내슈빌의 기부 만찬회에서 멜린다 게이츠는 자신과 남편 빌이 후진국 국민을 돕는 데 일생을 바치기로 결심한 이유를 설명했다. 이유는 간단명료했으며 성경의 진리와 일맥상통했다.

바로, 만인이 평등하다는 것이다. "개발도상국 여성이 저와 똑같은 의료와 교육 서비스, 식수, 기회를 누리지 못할 이유는 없습니다. 왜냐하면 개발도상국의 여성이나 저나 동등하니까요." 멜린다 여사는 그렇게 말했다.

하나님의 형상에는 단계적 차이가 없으니 사람을 가리지 말고 모두 존중해야 한다고 말한 마틴 루터 킹 주니어 박사의 말도 같은 뜻을 담고 있다. C. S. 루이스는 《영광의 무게》(*The Weight of Glory*, 홍성사 역간)란 책에서 성찬의 떡과 포도주 다음으로 가장 거룩한 것은 우리의 이웃이라고 주장했다. 평등은 개발도상국의 사람들, 마틴 루터 킹이 목숨을 바쳐 옹호했던 사람들, C. S. 루이스가 위의 글을 쓸 때 떠올렸던 사람들에게만 적용되는 게 아니다. 당신이 거울 속에서 보는 사람도 마찬가지다. 평등은 바로 당신에게도 똑같이 적용된다.

도대체 어떻게 해야 자기 자신에게서 눈을 떼고 무화과 잎사귀를 벗어던지고 과감하고 폭넓게 사랑할 수 있을까? 답은 간단하다. 바로 당신도 온전한 사랑을 받는다는 자각이 출발점이다. 당신도 하나님의 형상을 품은 자다. 피조물의 꽃이다. 더없이 귀하고 중요하고 가치 있고 거룩한 존재다. 당신도 사랑받기 위해 창조된 존재다. 프랜시스 쉐퍼는 세상에 작은 사람은 없다고 말했다. 당신은 작지 않다. 당신은 있으나 마나 한 사람이 아니다. 하찮은 사람이 아니다.

따라서 제인처럼 거울 속에 있는 사람이 꼴 보기 싫어질 때마다 예수님 안에서 당신이 한없이 귀한 존재라는 사실을 다시금 떠올리라. 예수님 안에서 하나님이 당신을 기뻐하신다는 사실을 기억하라. 당신이 당신 눈에는 작아 보여도 하나님의 눈에는 크다는 사실을 잊지 마라. 하나님께 당신은 눈에 띌 만큼, 사랑할 만큼, 구원할 만큼 큰 존재다. 하나님은 당신을 구원하기 위해 아들을 주실 만큼 당신을 사랑하셨다(요 3:16 참조). 당신은 하나님의 눈동자다(시 17:8 참조). 하나님은 당신으로 인해 즐거이 노래를 부르신다(습 3:17 참조).

하나님은 이런 놀라운 현실에 따라 우리에게 일거리도 주셨다. 우리의 할 일은 바로 사랑받은 대로 사랑하기 시작하는 것이다.

: **저자의 생각 읽기**

때로 남들을 사랑하는 데 가장 큰 걸림돌은 자신이 사랑스럽지 않다는 막연한 느낌이다. 이 느낌은 바로 '수치'가 만들어 낸 것이다.

: **성경의 생각 읽기**   습 3:17; 요 3:16

그[하나님]가 너로 말미암아 기쁨을 이기지 못하시며 …… 너로 말미암아 즐거이 부르며 기뻐하시리라 하리라(습 3:17).

: **당신의 생각 읽기**

1. 무엇 때문에 예수님이 사랑하시는 모든 사람을 사랑하지 못하는가?

2. 수치가 당신의 사랑을 어떻게 방해하는가?

3

사랑받은 대로
사랑하는 삶을 시작하라

한번은 아내와 함께 소수의 사람이 모인 한 기도 모임에 참석했다. 막 기도회를 시작하려는 찰나, 한 번도 본 적 없는 부부가 들어왔다. 알고 보니 기도회 참석자 중 한 명이 초대한 것이었다. 남편의 이름은 '매튜'였는데 잔뜩 술이 취해 있었다. 아내의 얼굴에는 '제발 누가 좀 도와줘요'라는 구조 요청이 쓰인 듯했다.

기도회가 시작되었다. 매튜는 무슨 이유에서인지 자신도 참여하겠다고 말했다. 그의 혀 꼬부라진 기도는 10분 넘게 계속됐다. "하나님, 저희를 괴물에게서 구해 주세요. 하나님, 지금 당장 사탕을 먹고 싶습니다. 하나님, 제 바나나를 개집으로 옮겨 주세요."

"아멘"이 나오고 나서 모두의 시선이 내게로 쏠렸다. '과연 목사는 이 상황을 어떻게 처리할까?' 다행히 나는 아무것도 할 필요가 없었다. 사랑과 지혜가 풍성한 여성 성도 한 분이 매튜에게 쿠키를 내밀었기 때문이다. 그 여성이 매튜에게 쿠키를 건네며 그 괴물에 관한 대화를 나누는 동안 대여섯 명은 그의 아내에게 다가가 위로하며 사연을 들었다.

언제든 정죄할 준비가 되어 있는 세대

이 지혜로운 여성은 어떻게 매튜에게 다정하게 다가갈 수 있었을까? 그런 은혜로운 방법을 누구에게서 배웠을까?

바로, 예수님에게서다. 예수님은 외부인을 환영하셨다. 사람들이 믿기도 전에 초대해 주셨다. 한 여인이 간음 현장에서 붙잡혔다. 그 여인은 하나님께 죄를 짓고 가정을 파탄 나게 했다. 그야말로 마을 전체의 수치였다. 경건한 사람이 온 동네 사람 앞에서 그 여인에게 창피를 줬다. '범죄는 용납될 수 없다! 간통을 저지른 자는 본보기로 따끔하게 혼을 내줘야 한다!' 배타적인 무리 속에서는 항상 이런 일이 벌어진다. 콜로세움 문화, 군중심리를 부추기는 자들, 공동의 적 한 명을 떼거리로 몰아붙이는 세상.

간음하다가 붙잡힌 여인은 죄인이었다. 사람이 아니라 무생물이었고, 하나님의 형상을 품은 자가 아니라 짐승이었다. 사람들은 한꺼번에 몰려들어 창피를 줬다.

하지만 예수님은 그러지 않으셨다. 그 여인과 단둘이 남았을 때 예수님은 그저 두 마디 말씀만 하셨다. "나는 너를 정죄하지 않는다. 이제 죄의 삶을 떠나라." 여기서 순서가 매우 중요하다. 이 두 문장의 순서를 바꾸면 기독교는 사라지고 편협한 종교적 도덕주의가 된다. 그래서 예수님을 잃는다.

> 우리가 아직 죄인 되었을 때에 그리스도께서 우리를 위하여 죽으심으로(롬 5:8).

> 우리 마음이 혹 우리를 책망할 일이 있어도 하나님은 우리 마음보다 크시고(요일 3:20).

사랑이 다스리는 곳마다 먼저 정죄는 없다고 못을 박은 뒤에 윤리를 논한다. 예수님 안에서는 언제나 사랑이 먼저고 도덕을 따지는 건 나중이다. 하나님은 우리의 잘잘못을 따져 회개를 이끌어 낸 뒤에 은혜를 주시는 게 아니다. 하나님의 은혜가 우리의 회개로 이어지는 것이다. 18년간 목회를 했지만 교회에서 도덕적인 꾸지람을 들은 덕분에 예수님과 사랑에 빠졌다는 사람은 단 한 명도 보지 못했다.

그 기도 모임에서 정죄 대신 사랑으로 반응한 여자 성도 덕분에 내가 본 가장 극적인 변화가 일어났다. 마음을 담은 쿠키 한 조각은 전혀 다른 군중심리를 일으켰다. 사람들은 그 부부와 어린 두 아들에게로 우르르 몰려가 사랑을 쏟아 줬다. 매튜는 한 달간의 재활 치료를 열심히 받고 술을 끊었으며, 그 가정에 다시 웃음이 찾아왔다. 마침내 매튜는 예수님의 제자가 되었고 나중에는 장로로 교회를 섬겼다.

윤리보다 은혜가 먼저다. 도덕을 따지기 전에 정죄는 없다고 못을 박아야 한다. 은혜는 회개로 이어진다. 예수님의 좁은 길을 걷는 자들의 넓은 사랑과 포용은 더없이 놀라운 변화를 일으킨다.

사랑해야
후회가 없다

/

〈뉴욕 타임스〉 칼럼니스트 데이비드 브룩스는 2014년에 열린 한 집회에서 "공공장소에서 종교적으로 구는 법"이란 멋진 연설을 했다. 그 연설에서 그는 우리가 성과 중심주의 문화 속에서 살고 있다고 말했다. 이 세상에는 두 가지 성과가 존재한다. 이력서에 적을 성과와 장례식장에서 칭송될 성과. 브룩스는 이렇게 결론 내렸다. "장례식장에서 칭송될 성과가 더 중요하다는 사실을 모르는 사람은 없지만 다들 이력서에 적을 성과를 추구하는 데 더 바쁩니다."[1]

우리는 창의력과 성취욕을 발휘해서 이력서에 적을 훌륭한 성과들을 낸다. 그럴수록 세상은 점점 더 좋아진다. 하지만 화려한 이력서가 유일한 목표, 또는 주된 목표가 되면 안타까운 결과가 발생한다. '사랑하는 사람들을 멀리한 채 사무실에만 파묻혀 많은 실적을 내고 막대한 연봉과 보너스를 받았다.' 자신의 묘비에 이런 글이 새겨지기를 바라는 사람이 있을까? 하지만 임종 자리에서 이런 삶을 돌아보며 회한의 눈물을 흘릴 사람이 너무도 많다.

고린도전서는 화려한 이력서, 심지어 도덕과 율법 준수에서 최고의 성적표를 손에 쥐어도 사랑이 없으면 아무런 소용이 없다고 말한다. 이 사실을 죽기 직전에 깨닫는다면 너무 늦은 것이다. 그런 후회스러운 죽음을 함께 피해 보자는 취지에서 이 책을 썼다. 이 책은 지금 이 순간부터 온전한 삶, 풍성한 삶, 진정으로 충성스러운 삶을 살도록 돕기 위해 쓰였다. 우리 모두는 사랑의 삶을 살 수 있다. 누구나 사랑 그 자체이신 분이 초대하시는 삶 속으로 들어갈 수 있다. 장례식장에서 칭송될 성과를 추구하면 화려한 이력서는 덤으로 얻는다.

성경은 사랑이 궁극적인 덕목이라고 말한다. 예수님은 모든 명령을 하나님과 이웃을 향한 사랑으로 압축하셨다. 하나님이 타락한 인간을 구하기 위해 아들을 보내신 것은 바로 사랑 때문이었다. 진정으로 성공한 삶은 바로 사랑하는 삶이다. 물론 이력서의 성과도 중요하다. 분명 하나님은 우리를 일하는 존재로 창조하셨으며 만물을 새롭게 회복시키는 역사 속으로 우리를 부르신다. 하지만 장례식장에서 칭송될 것, 곧 아가페 사랑이 가장 중요하다.

사랑이 없으면 그 어떤 기술이나 숭고한 도덕도 힘을 잃는다. 하지만 사랑이 있다면 세상을 치유할 힘을 얻은 셈이다. 간절히 기도하자.

하나님 아버지,
제 재능을 능가하는 인격을 주십시오.
제 지위를 능가하는 겸손을 주십시오.

모두를 환영해 주는
사랑의 잔치

/

예레미야 선지자는 우리 마음이 자기기만에 빠지기 너무 쉽다고 말했다. 교회 예배에 출석하고, 성경을 공부하고, 매일 기도하며, 굶주린 자를 먹이고, 약한 자를 도우며, 좋은 신학을 가르치고, 나쁜 신학을 바로잡고, 사람들을 예수님께로 인도하는 등 온갖 '옳은 일'을 하고도 핵심을 놓칠 수 있다. 바울은 고린도 교회에 보낸 편지에서 하나님을 향한 사랑이 이웃 사랑으로 증명된다는 점을 분명히 밝혔다.

고린도 교회에서는 이웃 사랑이 실종된 상태였다. 교인들은 서로를 비판하고, 사소한 교리 문제로 분열하고, 간음을 저지르고, 서로를 고소하고, 아무런 성경 근거도 없이 쉽게 이혼하고, 자신이 떳떳하다는 이유로 양심에 민감한 사람 앞에서 자유를 과시하고, 가난한 교인을 무시했다. 또한 성찬의 문턱을 제멋대로 높여 버렸다. 그 바람에 예수님과 함께하기를 간절히 원하는 사람들이 '그분의' 성찬 식탁에서 배제되는 어처구니없는 상황이 벌어졌다.

그들은 '우리'의 범위를 넓히기는커녕 오히려 좁혀 버렸다. 모순되고 사랑 없는 고린도 교인의 모습에 바울은 뭐라고 말했을까? 고린도전서 13장에서 바울은 사랑의 속성을 나열한 빛나는 카탈로그를 내민다. 인내. 온유. 겸손. 넓은 마음. 남들을 먼저 생각하는 마음. 평화로운 태도. 진리에 대한 사랑. 모든 것을 참고 믿고 바라고 견디는 태도. 처음 바울이 이 글을 쓸 때는 결혼식을 전혀 떠올리지 않았다. 사실 이 구절은 성경에서는 가장 엄한 꾸지람 중 하나다. 왜냐하면 고린도 교인들에게는 이 사랑의 속성이 단 하나도 없었기 때문이다.

> 너희가 교회에 모일 때에 너희 중에 분쟁이 있다 …… 너희

중에 파당이 …… 그런즉 너희가 함께 모여서 주의 만찬을 먹을 수 없으니(고전 11:18-20).

하지만 사랑이 가득하면 모든 것이 달라진다. 분열과 파당이 사라지고, '우리'의 범위를 넓히게 된다. 사랑이 가득하면 그냥 만찬이 사랑의 만찬으로 회복된다. 믿는 사람이면 누구나 받아 주는 아가페의 잔치. 나라와 족속과 방언을 가리지 않고 하나님의 모든 백성에게 자리를 내어 주는 잔치. 영적 이력서가 화려한 사람이나 이력서가 형편없는 죄인이나, 부자나 가난한 자나, 확신에 찬 신자나 의심에 시달리는 신자나 상관없이 모두를 환영해 주는 잔치.

바리새인과 서기관들이 수군거려 이르되 이 사람이 죄인을 영접하고 음식을 같이 먹는다 하더라(눅 15:2).

좁은 길을 걸을수록 포용력은 더 넓어진다. 예수님이 길이요 진리요 생명이며 그분을 통하지 않고서는 누구도 아버지께로 갈 수 없다는 배타적인 주장을 더 깊이 믿을수록 더 많은 사람을 포용하고 사랑하게 된다. 우리를 위해 피 흘리신 예수님의 사랑에 깊이 감격할수록 우리 마음이 그 사랑을 알지 못하는 사람을 위해 더 많은 피를 흘리게 된다.

윤리보다 은혜가 먼저다. 도덕을 따지기 전에 정죄는 없다는 점부터 분명히 밝혀야 한다. 은혜는 회개로 이어진다. 예수님의 좁은 길을 따르는 사람들의 넓은 포용, 장례식장에서 칭송될 최고의 미덕, 바로 사랑이야말로 인생을 변화시키는 가장 강력한 힘이다.

전쟁터 같은 사랑의 길

/

대중가요는 사랑을 여러 가지로 묘사한다. 티나 터너는 사랑이 간접적인 감정이라고 노래했다. 샤카 칸은 동정이 곧 사랑이라고 노래했다. 그런데 아무래도 "사랑은 전쟁터"라는 팻 베네타의 노랫말이 사랑에 대한 예수님의 생각과 가장 일치하지 않나 싶다.

사랑은 힘들다. 예수님이 원수를 사랑하고 우리를 핍박하는 자들을 위해 기도하라고 하셨으니 아가페의 사랑은 그야말로 전쟁이다. 이런 의미에서 사랑은 단순한 감정이 아니다. 이런 사랑을 생각하면 '결연한', '변함없는', '강력한', '모험적인', '희생적인' 같은 단어가 떠오른다. 아가페 사랑. 장례식장에서 칭송되는 '죽음보다 강한' 사랑. 죄인들을 구원하는 사랑. 간음한 자에게 소망을 주고 주정뱅이를 회복시키고 우주를 구속하는 사랑. 이 사랑은 반문화적이다. 또 이것은 정말 사랑하고 싶지 않을 때도 사랑한다는 점에서 세상을 초월한다.

장례식장에서 칭송되는 사랑은 양쪽으로 손을 뻗어 다른 이를 끌어당기는 '십자가 형태'의 사랑이다. 예수님이 우리를 받아 주셨기 때문에 우리도 다른 사람을 받아 준다. 힘들고, 전쟁 같고, 결연한 사랑. 자신을 핍박하는 자에게까지 뻗어 나가는 사랑.

올해 우리 부부는 월드비전 대표 리처드 스턴스와 저녁 식사를 하는 영광을 누렸다. 월드비전은 세상에 자비와 정의를 펼치는 일에 앞장서는 단체다. 그날 구속적인 상상력을 담은 리처드의 말을 듣는 순간 나는 손에서 포크를 놓치고 말았다. "IS가 그리스도인들을 참수하는 동안 그리스도인들이 시리아의 이슬람교도들을 먹이는 모습을 상상해 보세요."

이 정도까지 사랑할 수 있을까? 이 정도까지 해야 하는가? 사랑은 '실제로' 이 정도까지 했다.

가까이 하면 물든다

／

정죄의 군중심리가 아닌 은혜의 군중심리로 움직이고, 술 취한 남자에게 쿠키와 사랑을 건네며, 우리를 해치려고 칼을 들고 노려보는 자들을 먹이고 축복하며 그들을 위해 기도하는 사랑꾼들. 어떻게 해야 이런 사람이 될 수 있을까? 어떻게 해야 우리 안에서 이런 사랑이 솟아날 수 있을까?

 길은 하나뿐이다. 사랑이 동사이기 이전에 사람이라는 사실을 기억하는 것이다. 성육신하신 사랑, 곧 예수님은 우리가 잘할 때만 사랑하시지 않는다. 예수님은 우리가 최악의 모습을 보일 때도 여전히 사랑하신다. 우리가 못된 짓을 하다가 딱 걸렸을 때도. 그분과 함께 깨어 기도하지 않고 잠에 빠져 있을 때도. 우리가 그분을 세 번이나 부인할 때도. 박해자가 될 때도. 우리가 자신의 야망이나 탐욕, 원한, 야한 상상, '자기 의'에 취한 채로 기도 모임에 찾아올 때도. 그럴 때도 그분은 우리를 반갑게 맞아 주신다.

 '쿠키 하나 맛보지 않겠느냐? 내 옆에 앉지 않겠느냐? 재활 치료를 받아 보지 않겠느냐? 내가 함께 가 주겠다. 내가 비용을 대 주겠다. 네가 술을 끊고 새로운 삶을 얻어 내 식탁에 앉고 내 나라에서 일하게 될 때까지 동행해 주겠다. 너를 생명으로 이끌기 위해 그야말로 사랑의 전쟁을 치렀다. 네가 해야 할 것은 아무것도 없다. 구하기만 하면 된다.' 주님이 우리에게 요구하시는 것은 그저 그분이 필요하다고 말하는 것뿐이다.

 어떻게 하면 예수님처럼 사랑할 수 있을까? 출발점은 그저 쉬면서 받는 것이다. 출발점은 멈추는 것이다. 예수님'처럼' 사랑할 수 있으려면 먼저 그분과 '함께하는' 게 무엇인지를 배워야 한다. 예수님과 함께할수록 그분을 더 닮아 가기 때문이다. 사랑은 이루는 것이라기보다는 빠지는 것이다. 사랑을 가까이 하면 그 사랑에 물든다.

　이 사랑의 길, 장례식장에서 칭송받을 삶을 함께 추구하지 않겠는가?

⋮ 저자의 생각 읽기

진정한 성공은 가진 기술이나 성취, 종교나 도덕성이 아닌 사랑에 따라 결정된다. 사랑하기 위한 힘은 예수님이 먼저 우리를 사랑하셨다는 사실을 알고서 그분의 사랑을 경험할 때 솟아난다.

⋮ 성경의 생각 읽기   시 63:1-8; 고전 13:1-13

내가 예언하는 능력이 있어 모든 비밀과 모든 지식을 알고 또 산을 옮길 만한 모든 믿음이 있을지라도 사랑이 없으면 내가 아무것도 아니요(고전 13:2).

⋮ 당신의 생각 읽기

1. 지금 누구에게로 '우리'의 범위를 넓힐 수 있을까?

2. 당신 주위에 격려의 말이나 뜻밖의 따뜻한 환대, 용서, 사랑을 절실히 필요로 하는 사람이 있는가? 누구인가?

3. 그를 사랑하기 위한 첫 단계로 무엇을 할 수 있을까?

; Befriend

Part 2

**사랑에 물들면
사랑할 사람들이 보인다**

우리의 친구는
누구인가

탕자와 바리새인

4

상처를 준다는 건
상처가 많다는 뜻이다

월리엄 템플 대주교는 '가장 순수한 형태의 교회가 비회원의 유익을 위해 존재하는 유일한 조직'이라고 말했다. 기독교 역사 속에는 비록 '우리만'의 울타리에 갇힌 사람이 많았지만 예수님이 외부인을 우선시하셨다는 점만큼은 누구도 부인할 수 없다. 예수님은 끊임없이 '우리'의 범위를 확장하셨다.

예수님의 삶과 가르침, 사랑은 밑바닥 인생들을 끌어당겼다. 세리와 죄인이 그분께로 가까이 다가왔다. 하지만 십일조와 성경 공부를 비롯해서 종교 생활에 목숨을 걸었던 바리새인과 서기관은 오히려 예수님을 의심 가득한 눈으로 바라봤다. 외부인이 예수님께 몰려들자 바리새인과 서기관은 이렇게 수군거렸다. "죄인을 영접하고 음식을 같이 먹어."

예수님은 죄를 졌기 때문이 아니라 죄인과 어울린 탓에 자칭 의인에게 죄인 취급을 받으셨다. 죄인이 잔치에 초대하면 예수님은 기꺼이 응하셨다. 손가락질을 받는 사람들이 가까이 다가와도 예수님은 두 팔 벌려 친구로 맞아 주셨다.

> 인자는 와서 먹고 마시매 너희 말이 보라 먹기를 탐하고 포도주를 즐기는 사람이요 세리와 죄인의 친구로다 하니(눅 7:34).

물론 예수님은 식탐이 많은 분도 아니고 술꾼도 아니었다. 하지만 세리와 죄인의 친구? 그건 맞는 말이다.

전직 교수인 내 친구 필 더글러스는 죄인을 향한 사랑이 허다한 죄를 덮는다는 말을 자주 한다. 그렇다. 하나님은 세상을 '지극히 사랑하시기에' 모든 종류의 죄인을 구원하기 위해 아들을 주셨다. 보수주의자든 진보주의자든, 부유한 사람이든 파산한 사람이든, 행복한 사람이든 낙심한 사람이든, 박사든 장애인이든, 건강한 사람이든 중독자든, 활동적인 사람이든 피곤한 사람이든, 세속적인 사람이든 종교적인 사람이든, 편안하게 다가갈 수 있는 사람이든 항상 잔뜩 날이 서 있는 사람이든 상관없다. 모든 사람이 성부와 성자와 성령의 신성한 교제에 동참하는 게 하나님의 뜻이다. 하나님 나라의 종으로서가 아니라 그 나라의 상속자로서. 서자가 아니라 사랑받는 아들딸로서. 창녀가 아니라 아름다운 신부요 고귀한 왕비로서.

마약 중독자, 욕쟁이 엄마, 종교인

한번은 예배 중간에 말쑥하게 차려입은 남자가 내 어깨를 두드렸다. 전형적인 교인처럼 생겼다. 여기서는 그냥 '종교인'(Church Guy)이라고 부르겠다. 종교인이 처음 본 누군가의 얼굴을 가리키며 말했다.

"저 남자, 보이세요? 저런 지저분한 청바지에 천박한 티셔츠를 입고 하나님의 집에 들어오다니요. 게다가 예배 시간에 커피까지 마시고 있네요. 아까 복도에서 저랑 스쳐 지나갔는데 담배 냄새가 나더군요. 목사님, 처리 좀 해 주세요. 예배에 너무 방해돼요."

그 순간, 온 천국이 눈물을 흘리기 시작했다.

내 형제들아 …… 사람을 차별하여 대하지 말라 만일 너희

> 회당에 금가락지를 끼고 아름다운 옷을 입은 사람이 들어오고
> 또 남루한 옷을 입은 가난한 사람이 들어올 때에 너희가 ……
> 가난한 자에게 말하되 너는 거기 서 있든지 …… 너희끼리
> 서로 차별하며 악한 생각으로 판단하는 자가 되는 것이
> 아니냐 내 사랑하는 형제들아 들을지어다 하나님이 세상에서
> 가난한 자를 택하사 믿음에 부요하게 하시고 또 자기를
> 사랑하는 자들에게 약속하신 나라를 상속으로 받게 하지
> 아니하셨느냐(약 2:1-5).

예배에 방해가 된다고? 지저분한 옷차림에 커피를 홀짝이며 담배 냄새를 풍기는 그 남자는 사실 우리 가운데 찾아온 예수님의 사자다.

> 내가 진실로 너희에게 이르노니 너희가 여기 내 형제 중에
> 지극히 작은 자 하나에게 한 것이 곧 내게 한 것이니라(마 25:40).

다행히, 예배 후 한 성도가 이 종교인보다 먼저 그 남자에게 다가갔다. 한때 술에 사로잡혀 살았던 그 성도는 이 남자를 따뜻하게 환영하면서 이름과 사연을 물어봤다. 남자의 이름은 조지였다. 조지는 헤로인 중독에서 회복하는 중이었는데 유혹을 이기는 데 도움이 될까 싶어 교회에 찾아온 것이었다. 마약 중독과 싸우면서 담

배를 피우는 사람을 보고 뭐라고 말해야 할까? '승리'라고 해야 하지 않을까? '발전'이라고 해야 하지 않을까? '업그레이드'라고 해야 하지 않을까?

같은 주일, 역시 우리 교회에 처음 나온 재닛이 두 아들을 영유아부에 맡겼다. 예배가 끝나고 재닛이 아이들을 찾기 위해 줄을 서 있는데 영유아부 교사 중 한 명이 조용히 다가와 소동이 좀 있었다고 말했다. 재닛의 아이들이 다른 아이들에게 싸움을 걸었다는 것이었다. 게다가 한 아들은 교회 소유의 장난감 여러 개를 망가뜨렸다. 재닛은 아이들과 학부모들이 가득한 그 자리에서 두 아들을 꾸짖고 나서 장내가 떠나갈 듯 욕지거리를 내뱉었다. 재닛은 화도 나고 창피하기도 해서 두 아들을 데리고 도망치듯 교회를 빠져나갔다. 그렇게 한바탕 소동을 피우고 갔으니 다시는 오지 않을 게 뻔했다.

그 영유아부 교사는 월요일에 곧바로 교회 사무실에 전화를 걸어 재닛이 연락처를 남기고 갔는지 확인했다. 다행히 새 신자 방명록에 연락처가 있었다. 내가 연락처를 주자 그 교사는 재닛에게 편지를 보냈다.

어머님, 아이들과 함께 저희 교회를 찾아와 주셔서
고맙습니다. 주일에 영유아부 앞에서 일이 좀 있었지요?
저로서는 새로운 경험이었습니다. 교회 안에서 그렇게 솔직히 표현하는 분은 처음 뵈었어요. 그 솔직한 모습이 좋았습니다. 어머님과 좋은 친구가 되고 싶은데 어떠신지요.

- 교사 OOO 드림.

그 교사와 재닛은 마침내 친구가 되었다. 재닛은 다음 주부터 계속 교회에 나왔고, 나중에는 우리 교회 영유아부를 섬기는 교사가 되었다.

중요한 사실이 또 있다. 재닛은 바로 조지의 아내다. 그리고 그녀도 처음 우리 교회에 나왔을 때는 헤로인 중독에서 회복하는 중이었다.

가장 큰 헌금

조지와 재닛 부부를 교회에서 본 지 1년쯤 되었을까, 두 사람이 나를 보자고 했다. 만난 자리에서 조지는 살짝 긴장한 얼굴로 테이블 건너편의 나를 바라보다가 이내 입을 열었다.

"목사님, 저희 부부에겐 이 교회가 너무도 귀한 곳입니다. 이 교회에서 받은 사랑이 아니었다면 이만큼 회복되지 못했을 겁니다. 그래서 작은 성의 표시라도 하고 싶습니다. 저희 부모님은 부유하신데, 부모님께 얼마 전에 큰 재산을 물려받았습니다. 그중 일부를 교회에 바치고 싶습니다."

조지는 그렇게 말하면서 내게 50달러를 건넸다. 그 50달러는 내가 본 가장 큰 헌금이다. 그 50달러가 온전한 십일조였을까? 십일조는커녕 백일조나 될까 싶다. 하지만 조지와 재닛의 변화를 생각하면 놀랍기 그지없다. 그 50달러는 작게 시작해서 거대하게 자라나는 하나님 나라의 확실한 증거였다. 그 순간만큼은 조지와 재닛이 평생 교회를 다니며 온전한 십일조를 드린 그 종교인보다 하나님 나라에 더 가까웠다는 생각을 지울 수 없었다.

> 예수께서 그들에게 이르시되 내가 진실로 너희에게 이르노니 세리들과 창녀들이 너희보다 먼저 하나님의 나라에 들어가리라 (마 21:31).

상처를 입어서 상처 주는 것이다

/

예수님은 앞서 말한 그 종교인을 어떻게 생각하실까? 또 우리는 그 종교인을 어떻게 생각해야 할까? 솔직히 그 주일에 나는 그 종교인이 다음 주에 나오지 않았으면 좋겠다고 생각하며 교회를 나섰다. 저런 사람이 문제라며 속으로 손가락질을 하다가 문득 그 종교인을 비난할수록 나도 그렇게 되어 간다는 사실을 깨달았다.

앤 라모트가 이런 말을 했다. "당신이 미워하는 사람을 똑같이 미워하시는 하나님은, 당신이 당신 형상을 따라 창조한 존재일 뿐이다."[1]

'은혜주의 바리새인'이란 말을 들어 봤는가? '사랑 없는 바리새인'을 경멸하는 '사랑 없는 바리새인'을 말한다.

> [예수님이 많은 바리새인과 서기관들이 섞여 있는] 무리를 보시고 불쌍히 여기시니 이는 그들이 목자 없는 양과 같이 고생하며 기진함이라 (마 9:36).

예수님은 그 종교인과 같은 사람들이 가득한 도시를 보고 우셨다(눅 19:41 참조). 그래서 예수님은 아버지와 잃어버린 두 아들에 관한 이야기를 해 주셨다.

두 아들 중 한 명은 탕자이고 다른 아들은 바리새인이다. 바리새인 아들은 탕자인 동생의 귀향 파티에 참석하기를 거부한다. 지저분한 청바지와 티셔츠, 담배와 술, 창녀, 마약 냄새. 도저히 참을 수가 없다. "말썽 한 번 피우지 않은 착하고 부지런한 나를 위해서는 염소 한 마리 잡지 않으셨으면서 사고뭉치 동생을 위해서는 성대한 잔치를 열다니!"

아버지는 집안의 아흔아홉 마리 양을 놔둔 채 밖에 있는 한 마리 양을 찾아 나선다. 아버지는 특권의식에 젖어 투덜거리는 이 비판적인 아들에게 부드러운 음성으로 말한다. "얘, 너는 항상 나와 함께 있으니 내 것이 다 네 것이로되 이 네 동생은 죽었다가 살아났으며 내가 잃었다가 얻었기로 우리가 즐거워하고 기뻐하는 것이 마땅하다"(눅 15:31-32).

친절하게 굴라. 당신이 만나는 모든 사람이 남모를 상처를 안고 있다. 상처 입은 사람은 남들에게 상처를 준다. 비판적인 종교인도 남모를 아픔을 품고 있다. 비판적인 종교인도 아파한다. 독선에 찌든 율법주의 바리새인. 남을 경멸하는 은혜주의 바리새인. 우리 안에 있는 이런 바리새인은 누구를 포함시키고 누구를 배제할지 결정하는 것이 자기 역할이라고 착각한다. 바리새인은 세상을 '우리'와 '그들', '좋은' 사람과 '나쁜' 사람으로 나눈다.

하지만 예수님은 다른 이분법을 사용하신다. 예수님은 세상을 교만한 자와 겸손한 자로 나누신다. 그리고 예수님은 '우리'의 범위를 넓혀 마약 중독자와 욕쟁이 엄마, 나아가 비판적인 종교인까지도 사랑으로 품어 주신다. 우리도 그렇게 해야 마땅하지 않을까?

: **저자의 생각 읽기**

예수님이 요구하시는 좁은 길은 가장 넓은 포용의 길이다. 우리 마음이 주님의 마음을 닮아 갈수록 주변의 탕자와 바리새인을 향해 더 많은 희망과 사랑을 품게 된다.

: **성경의 생각 읽기**   시 40:17; 눅 15:1-7, 25-32

나는 가난하고 궁핍하오나 주께서는 나를 생각하시오니(시 40:17).

: **당신의 생각 읽기**

1. 율법주의 바리새인과 은혜주의 바리새인 중에서 당신은 어느 쪽에 더 가깝다고 생각하는가?

2. 가장 비판하고 싶은 사람을 사랑해야 하는 이유는 무엇일까?

3. 비판하고 싶은 사람을 사랑하기 위한 출발점으로 무엇을 하면 좋을까?

우울한 사람과 불안해하는 사람

5

마음의 추락,
쿠션이 필요하다

20대 중반 어느 날, 목사가 되기 위해 공부하던 중 한 지역 신문에 실린 자살한 목사가 남긴 유서를 읽었다.

> 하나님, 강하지 못한 절 용서해 주옵소서. 하지만 목사가
> 우울증에 걸리면 기댈 곳이 없습니다. …… 우울증의 늪으로
> 점점 더 깊이 빠져드는 것만 같습니다. 숨을 쉬기 위해
> 필사적으로 고개를 쳐들어 보지만 아무리 애써도 물속으로
> 점점 더 깊이 빠져들 뿐입니다.

이 유서를 쓴 사람은 세인트루이스 지역의 한 대형교회에서 목회하던 촉망받는 젊은 목사였다. 오랫동안 남몰래 기도와 상담과 약물로 우울증과 싸우던 그는 하루도 버티지 못할 지경에 이르렀다. 몹시 암울했던 순간, 이 젊은 목사는 평생 귀신들과 싸우느니 천사들 곁으로 가는 편이 낫겠다는 결론을 내렸다. "삶과 죽음의 유일한 희망이신 주 예수 그리스도의 이름으로"라는 유서의 서명을 보고서 이상하게도 마음이 편해졌다. 은혜는 모든 죄, 심지어 자살까지 덮으니까 말이다. 하지만 슬픔과 혼란은 여전히 남아 있었다.

그 후 세인트루이스에서 목회하던 또 다른 목사가 역시 남모를 우울증에 시달리다가 질식사를 선택했다는 소식에 내 안에서 혼란이 걷잡을 수 없이 소용돌이쳤다. 두 목사의 자살 소식은 내 세상을 정신없이 뒤흔들었다. 예수님을 믿고 은혜를 전하고 복음의 소망으로 사람들을 위로하던 재능 있는 목사들이 어떻게 소망을 잃을 수 있단 말인가.

지금은 비성경적이고 해로운 생각이라는 걸 알지만, 당시에는 신자라면 절대 우울증에 빠질 수 없고 자살할 수 없다고 배웠고 그렇게 철석같이 믿고 살아왔던 터라 혼란이 더 심했다. '언제나 빛이 어둠을 쫓아낸다. 기독교를 제대로 믿으면 평안과 기쁨이 가득할 수밖에 없다.' 교회에서 이렇게 가르쳤고, 그런 가르침에 따라 만든 찬양이 많은 인기를 끌었다. 그런 찬양에는 "그분 안에서는 모든 문제가 사라지네"라는 확신에 찬 선포가 들어 있었다.

하지만 현실의 세파가 몰아치면 그런 가르침과 찬양은 도움은 커녕 상처를 줄 때가 많다. 매일 기도하고 성경을 읽고 교회와 지역 사회를 섬기며 사람들을 상담하고 은혜를 전했던 두 신실한 목사. 주님 안에서도 문제는 사라지지 않았기에 그들은 결국 자살을 택했다.

근심과 우울증에 시달리면
하자품이다?

나도 근심과 우울증의 공격을 받아 본 적이 있다. 다행히, 거의 약한 증상이 잠깐 왔다가 가 버릴 뿐이었다. 하지만 한번은 육체와 감정과 영혼이 밑바닥을 친 적이 있다.

얼마나 심했던지, 2주 연속으로 잠을 이루지 못했다. 심지어 수면제를 삼켜도 곯아떨어지지 않았다. 밤이 오면 또다시 불면증과 싸워야 했고, 십중팔구 질 것을 생각하며 두려움에 떨었다. 동이 터도 고통스러운 하루가 시작된다는 생각에 또 다른 두려움이 밀려왔다. 그 바람에 불과 2주 만에 몸무게가 15퍼센트나 빠졌다. 사람들을 만나도 대화에 집중할 수 없었다. 성경 속에 가득한 하나님의 약속도 위로가 되지 않았다. 기도하려고 무릎을 꿇으면 그저 "도와주세요" 혹은 "이 고통을 끝내 주세요"라는 말밖에 나오질 않았다.

톰 레이너가 조사한 바에 따르면, 주변 상황으로 인한 근심과 우울증은 일반인보다 목사에게서 발병 확률이 높다. 영적 전쟁, 성도들과 자기 자신의 비현실적인 기대, 무차별적인 비판과 험담, 쉬면서 회복할 시간의 부족, 부부 갈등, 재정 압박, 다른 목회자와의 비교 같은 요인으로 인해 목사는 감정적인 나락으로 떨어지기가 누구보다도 쉽다.[1]

자살한 두 목사는 감정적인 지옥에서 더는 버틸 수 없어 극단적인 선택을 했다. 둘 다 홀로 거부와 지탄에 대한 두려움에 시달렸다. 유서를 남긴 목사는 누구라도 자신의 우울증에 관해 알게 되면 교회에서 쫓겨날 가능성이 높다는 말을 했다. 사람들은 하자 있는 사람의 목회나 가르침, 지도를 원하지 않는다고 말이다.

과연 그럴까? 근심과 우울증에 시달리는 사람을 '하자품'으로 매도하기보다는 시편 기자와 예수님, 바울에게서 약함에 관한 성경신학을 배워야 하지 않을까? 이 신학을 우리 자신의 삶, 나아가 우리의 인도자로 부름받은 사람의 삶에 적용해야 하지 않을까? 사도 바울은 우리가 약한 가운데서 하나님의 영광과 능력, 은혜를 경험한다고 말했다. 하나님이 역사하시는 방식이 그와 같다. 하나님의 방식은 우리의 방식과 정반대다. 더 정확히 말하면, 우리의 방식이 하나님의 방식과 정반대다.

영적 거인도
마찬가지

/

앤 라모트는 훌륭한 사람도 다 문제를 안고 있기 때문에 자신의 결함과 하자에 대해 너무 자책할 필요가 없다고 말한다. 고통은 우리로 하여금 하나님의 연민과 은혜를 온전히 표현할 수 있게 해 준다. 고통을 겪은 사람만이 해가 아닌 유익을 끼치는 사랑의 리더가 될 수 있다. 한 번도 상처를 입어 보지 못한 리더는 결코 남들을 치유할 수 없다.

성경을 보면, 하나님은 결함과 하자가 많은 사람을 통해 역사상 가장 위대한 일을 행하셨다. 한나를 보라. 한나는 아이를 낳지 못해 괴로운 나날을 보냈다. 엘리야는 너무 힘들어서 하나님께 죽여 달라고 부탁할 정도였다. 욥과 예레미야는 자신이 태어난 날을 저주했다. 다윗은 영혼의 곤고함으로 인해 절규하곤 했다. 심지어 완벽한 신이자 인간이셨던 예수님도 주체할 수 없는 비탄에 휩싸이신 적이 있었고, 친구의 죽음에 눈물을 흘리셨다. 이런 성경의 위인은 고난에도 '불구하고'가 아니라 바로 고난을 이겨 냈기 '때문에' 하나님의 도구로 세상을 바꿀 수 있었던 것이다.

설교의 황태자로 불리는 찰스 스펄전은 전성기 시절에도 수없이 낙심했다. 위대한 찬송가 작사가 윌리엄 쿠퍼는 평생 지독한 근심에 시달렸다. 화가 빈센트 반 고흐는 정신병원에서 자신의 최고

걸작 중 일부를 완성했다. C. S. 루이스는 암으로 아내를 잃고 나서 감정적으로 무너져 내렸다. 조니 에릭슨 타다는 10대 시절 사고로 온몸이 마비된 뒤 한동안 살아갈 의지를 회복하지 못했다. 나와 절친한 앤 보스캠프는 자신의 감정적인 상처를 솔직하게, 자주 고백했다. 이들은 이 세상에 진리와 아름다움, 은혜, 소망을 전하기 위한 하나님의 도구였다. 가장 뛰어난 치료사와 상담자는 스스로 치료와 상담을 받아 본 사람들이다. 이것이 하나님이 역사하시는 방식이다.

근심과 우울증에 시달리고 있는가? 좀 전에 내 이야기를 한 것은 그런 마음의 병이 전혀 창피한 게 아니라는 점을 알려 주기 위함이었다. 우리의 고통은 오히려 예수님의 사랑을 전하는 능력을 키워 주는 원동력이 될 수 있다. 죽음의 냄새가 느껴지는가? 그 고통 속에서 하나님께 위로를 받고 같은 고통 속에서 절규하는 사람에게 그 위로를 전한다면 죽음의 냄새가 오히려 생명의 향기로 바뀔 수 있다.

릭 워렌이 스스로 목숨을 끊은 아들 매튜의 장례식에서 한 말이 지금도 귓가에 맴돈다. 릭은 자신의 아들이 부러진 나무에서도 열매가 열린다는 확실한 증거라고 말했다. 매튜의 삶이 인생의 무게에 신음하는 많은 사람에게 복음의 소망을 전해 줄 수 있었던 것은 바로 그가 겪은 고통 때문이었다.

나락으로 곤두박질치던 그 암울한 시간, 늘 내 곁을 지켜 줬던

두 사람이 있다. 두 사람은 내가 비록 넘어졌지만 끝장난 것은 아니라는 사실을 밤낮으로 일깨워 줬다. 나는 두려웠지만 혼자는 아니었다. 악마들을 마주해야 했지만 언제나 천사들에게 둘러싸여 있었다. 특히 그 두 사람은 나를 지키는 천사와 같았다. 바로 내 형제 매트와 아내 패티다. 둘 다 근심과 우울증에 시달린 적이 있었기 때문에, 다른 이를 치유하는 데도 일가견이 있다. 고통을 겪었다는 건 무능력하다는 뜻이 아니다. 상처를 입었다는 건 끝났다는 뜻이 아니다.

아이러니하게도 걱정과 우울증은 희망의 계기가 될 수 있다. 내슈빌 그리스도장로교회에서 목회한 지 2년쯤 되었을 때 한 성도가 찾아와 내게 말했다. 그는 내가 정말 훌륭한 설교자라고 생각하면서도 한편 내 설교에 완전히 감동이 되지는 않았다고 한다. 그런데 내가 온 성도 앞에서 오랫동안 근심과 우울증에 시달려 상담과 치료를 받았다는 사실을 털어놓은 순간 나를 진정으로 신뢰하게 되었고, 비로소 나를 '자신의' 목사로 인정하게 되었음을 고백했다.

그때 깨달았다. 내가 받은 고통은 내 설교와 비전에 생각보다 훨씬 큰 영향을 미쳤다. 대부분의 시편이 어둡고 낙심되고 무너지고 불안한 가운데 쓰였다는 사실을 아는가?

그분 사랑 안에서 쉬라

/

근심과 우울증은 안식으로 초대하는 것이기도 하다. 쓰러져서 도움을 요청하는 것 외에 아무것도 할 수 없을 때, 바로 그런 상황 속에서 예수님은 우리를 만나 주신다. 예수님은 지치고 무거운 짐을 지고 만신창이가 되고 불안해하는 모든 사람에게 어서 찾아와 그분에게서 겸손과 온유를 배워 영혼의 쉼을 얻으라고 말씀하신다 (마 11:28-30 참조).

근심과 우울증에 시달리는 사람에게는 고통을 줄여 주는 쉬운 멍에와 가벼운 짐만 한 게 없다. 그런데도 나는 예수님 안에서 쉼을 찾지 않고 사람들의 인정을 구했다. 친구보다 팬을 원했다. 예수님의 이름을 높이는 것보다 나 자신의 이름을 알리기에 급급했다. 그 길의 끝은 언제나 막다른 골목이지만 내 마음은 자꾸만 그 길로 향한다.

내게 근심과 우울증은 스스로 대단해질 필요가 없다는 점을 기억나게 해 주는 하나님의 도구였다. 하나님은 나를 권력자나 인기인으로 부르시지 않았다. 무엇보다도 하나님은 나를 그분께 사랑받고 그 사랑 안에서 쉬는 자로 부르셨다. 하나님은 내가 예수님으로 인해 이미 유명해졌다는 사실을 기억하라고 말씀하신다. 그분이 내 하나님이시고 나는 그분의 백성이기 때문에 나는 이 땅을 떠난 뒤에도 오래도록 기억되고 칭송될 것이다. 그분은 나의 아버지시고 나는 그분의 아들이며, 영원한 천국에는 죽음도 애통도 눈물도 고통도 없을 것이다.

한 소녀가 주일학교 선생님 앞에서 시편 23편을 암송했다. "여호와는 나의 목자시니 내가 원하는 건 그것이 전부로다." 때로는 잘못된 인용이 더 좋을 때도 있다.

쇠렌 키에르케고르는 발에 박힌 가시 덕분에 정상적인 발을 가진 사람들보다 높이 뛸 수 있었다고 말했다. 사도 바울도 몸에 있는 가시에 관해서 비슷한 말을 했다. 이 가시는 그가 교만에 빠지지 않도록 붙잡아 주는 역할을 했다. 이 가시 덕분에 그는 하나님과 사람들을 겸손히 섬길 수 있었다. 약함 속에는 영광이 있다. 약한 가운데 온전해지는 능력이 있다(고후 12:7-10 참조).

누구도 근심이나 우울증에 시달리기를 바라지는 않지만, 나를 계속해서 하나님의 쉼으로 이끌어 준 이 고통에 이상하게 감사하는 마음이 자꾸 든다. 팀 켈러가 자주 쓰는 말마따나 "우리는 아무것도 필요하지 않다. 우리에게 필요한 것은 그저 필요하다는 사실을 인정하는 것뿐이다."

⋮ 저자의 생각 읽기

하나님의 능력은 약한 가운데서 온전해진다. 고난의 계절은 우리에게 고난받는 사람들을 위로해 줄 능력을 길러 준다.

⋮ 성경의 생각 읽기 　시 13편; 고후 12:7-10

그러므로 내가 그리스도를 위하여 약한 것들과 능욕과 궁핍과 박해와 곤고를 기뻐하노니 이는 내가 약한 그때에 강함이라(고후 12:10).

⋮ 당신의 생각 읽기

1. 만신창이가 된 기분을 느껴 본 적 있는가?

2. 지금 와서 그 고통스러웠던 시절을 돌아보니 어떠한가? 하나님의 임재와 돌보심이 눈에 들어와 감사하게 되는가?

3. 아직도 충격의 여파가 남아 있다면 어떤 진리와 친구를 가까이 하는 게 도움이 될까?

수치에 매인 사람

6

비방의 독화살,
남도 쏘고 나도 쏜다

엘비스 프레슬리와 비틀스를 제외하곤 음악 역사상 가장 많은 히트곡을 발표한 가수 머라이어 캐리의 한 인터뷰 내용이 지금까지도 생생히 기억난다. 당시 캐리는 수천 번의 칭찬을 들어도 한 번의 비판이 그 모든 칭찬의 목소리를 잠재워 버린다고 말했다.[1] 그 인터뷰를 본 뒤로 머라이어 캐리를 아주 좋아하게 됐다. 그 인터뷰는 캐리 자신만이 아니라 …… 나에 관한 진실 하나를 말해 준다.

나도 모르게 내 안 깊은 곳에 있는 수치심이 불쑥불쑥 튀어나온다. "지난번 설교에 관해서 드릴 말씀이 있어요." 이런 식으로 시작되는 이메일을 받으면 식은땀이 흐른다. 어떤 내용인지도 모르면서 내 안의 목소리가 소리치기 시작한다. '역시 설교를 망친 거야!' 내 책에 관한 새 후기나 내 블로그 글에 관한 새로운 댓글을 발견할 때도 똑같은 상황이 벌어진다. 마치 내 안에 비난을 예상하는 유전자가 있는 듯하다. 물론 대부분의 경우는 비난이 아니라 칭찬하는 내용이다. 그런데도 매번 나는 비난을 예상한다. 내 안에 거부를 당할까 봐 항상 마음 졸이는 뭔가가 있다.

특히 온라인 세상에서 사람들에게 상처와 거부감을 주는 수동적 공격이 난무하고 있다. 상대방의 이메일이나 SNS 메시지, 문자 메시지를 무시하는 게 그런 경우다. 그럴 때 상대방은 수치심을 경험한다. 자신의 페이스북에 누군가 자신을 놀리는 사진을 허락 없이 올렸을 때도 마찬가지다. 자신이 단체 셀프 카메라 촬영에서 고의적으로 배제될 때도 우리는 수치심을 느낄 수 있다.

적극적인 공격은 보다 직접 수치심을 주는 것이다. 악의적인 블로그 댓글. 비판적인 트윗. 사람들은 온갖 형태로 남들에게 상처를 준다. 때로는 그것이 집단 공격으로 발전하기도 한다. 의분을 핑계로 집단적으로 표적을 매도하고 깎아내리는 마녀 사냥이 심심치 않게 일어난다.

분노 포르노

/

내면에서 비롯한 것이든 외부에서 가해진 것이든 수치는 우리 감정에 막대한 영향을 미친다. 우리는 온갖 목소리 중에서 수치의 목소리를 가장 크게 듣는 경향이 있다. 마치 칭찬과 인정의 볼륨은 끝까지 내리고 비난의 볼륨만 끝까지 올린 것처럼 말이다.

앤디 스탠리는 적절하지 못한 상황에서 단어 다섯 개만 잘못 선택해도 개인적으로나 직업적으로 완전히 무너질 수 있다는 말을 했다. PR 컨설턴트 저스틴 사코에게 바로 이런 악몽이 벌어졌다. 사코는 남아공으로 가는 비행기 안에서 오해의 소지가 다분한 열두 단어의 짧은 트윗 하나를 겨우 170명의 팔로워에게 날렸다. 그런데 이 사소한 일이 돌이킬 수 없는 사건으로 확대됐다. 비행기가 착륙하고 나서야 그녀는 자신의 말이 일파만파로 퍼져 나갔다는 사실을 알았다.

불과 몇 시간 만에 자신은 비인도적인 차별주의자요 공공의 적으로 일면 기사의 주인공이 되었다. 그 열두 단어로 인해 그녀는 직업을 잃고 바닥으로 추락했다. 그 전에 잘했던 것은 아무런 소용이 없었다. 지금까지 쌓아 온 모든 성과가 순식간에 증발해 버렸다. 그녀는 그 사건을 돌아보며 이렇게 회상했다.

나는 좋은 직업을 갖고 있었고 내 일을 사랑했는데, 많은

영예가 있던 그 일을 빼앗겼다. 나만 빼고 다들 몹시 즐거워했다.²

잠시 상상해 보라. 당신이 평생 이룬 모든 것이 아주 잠깐의 부주의한 실수 하나로 무너져 내린다. 게다가 당신을 무너뜨린 사람들은 오늘 '이전'에는 당신을 만난 적도, 당신에 관해 들어 본 적도 없는 사람들이다. 그리고 오늘 '이후' 당신에 관해 다시 생각하지도 않을 사람들이다. 그들에게 당신은 하나님의 형상을 닮은 인간이 아니었다. 그들은 당신과 얼굴을 마주할 일이 없다. 당신의 인생을 송두리째 뒤엎고 나서 아무런 책임도 지지 않고 아무 일도 없다는 듯이 살아간다.

〈뉴욕 타임스〉 기자 팀 크레이더는 끊임없이 화낼 대상을 찾는 세태를 표현하기 위해 "분노 포르노"(outrage porn)란 용어를 만들어 냈다. 편집자에게 날아온 수백 개의 댓글과 편지를 토대로 그는 많은 현대인이 누군가를 가해자로 몰아 자신이 옳다는 느낌을 얻으려 한다고 설명했다.³ 분노 포르노는 아무런 개인적인 책임 없이 다른 인간을 희생시키며 싸구려 쾌감을 맛본다는 점에서 포르노와 유사하다.

분노 포르노는 새로운 현상이 아니다. 남들에게 공개적으로 망신 주길 좋아하는 현대인과 마찬가지로, 신약 시대의 바리새인도 남을 경멸하기로 유명했다(눅 18:9 참조). 한 여인이 예수님의 발에 향유를 붓고 자신의 눈물과 머리카락으로 씻자 바리새인 시몬은 그녀에게 창피를 줬다(눅 7:36-50 참조). 그에게 그 여인은 한낱 '죄인'일 뿐이었다. 사람이 아니라 짐승이나 다름없었다. 하나님의 형상을 품은 사람이 아니라 인간 쓰레기였다. 불륜 현장에서 붙잡힌 여인에게 주홍 글씨를 낙인찍은 자들도 마찬가지였다. 군중은 그녀를 에워싸고 돌을 던지려고 했다(요 8:1-11 참조). 예수님이 개입하시지 않았다면 그 폭도들은 그녀를 죽였을 것이다. 온라인 폭도가 단 한 번의 행동을 빌미로 저스틴 사코의 삶을 철저히 짓밟았던 것처럼 말이다.

사코는 그 행동에 대해 눈물로 사과했다. 하지만 사과는 좋은 이야깃거리가 못 된다. 사과하는 내용은 좀처럼 트위터로 퍼져나가지 않는다.

왜 조롱과 비난을
즐기는 걸까

바리새인의 의분은 그 껍데기를 벗겨 보면 결국 '자기 의'일 뿐이었다. 그들이 '죄인들'을 공공의 적으로 삼아 둘러싼 것은 소심하고 옹졸한 자들의 집단행동이었다. 그들은 자신들보다 나으면 나았지 결코 못하지 않은 사람들을 희생양으로 삼아 자신의 연약한 자아를 달랬다.

이런 무리에 휩싸여 남에게 수치를 주고 싶은 유혹이 들 때면 즉시 컴퓨터나 스마트폰 화면에서 눈을 떼고 거울을 들여다봐야 한다. 내가 왜 조롱과 비난을 즐기는 것일까? 왜 내가 저스틴 사코처럼 눈물로 사과하는 사람의 부주의한 실수 하나를 가혹하게 비난하는 글을 열심히 실어 나르는 것일까? 그런 잔인한 행동의 밑바탕에 어떤 이유가 있는지를 들여다봐야 한다.

치료사이자 강연자이며 작가인 브레네 브라운은 '왜 우리는 남들에게 창피를 주는 것일까?'라는 질문에 다음과 같이 답했다.

> 지난 10년 동안 솔직함과 수치, 진정성을 연구한 끝에 내린 결론은 이것이다. 사랑받고 소속되어 있다는 느낌이 모든 사람의 절대적인 욕구라는 것이다. 우리는 사랑하고 사랑받고 소속되도록 생물학적, 인지적, 육체적, 영적으로 설계됐다. 이런 욕구가 충족되지 않으면 우리는 제대로 기능할 수 없다. 망가지고 무너지고 마비되고 신음한다. 그리고 '남들에게' 상처를 준다.[4]

우리가 남에게 수치를 주고 무자비하게 구는 것은 사랑과 소속에 대한 우리의 욕구가 충족되지 않기 때문이다. 우리가 다른 사람에게 창피를 주는 것은 스스로 창피를 느끼기 때문이다. 우리가 남에게 상처를 주는 건 스스로 상처를 안고 있기 때문이다. 말로 남을 비난하고 깎아뭉개는 사람들. 직접 찾아가 아무도 없는 곳에서 사랑으로 조언하지 않고 뒤에서 험담하고 비방하는 사람들. 예수 그리스도 안에서 하나님께 용서받은 대로 다른 이를 용서하는 대신 원한을 품고 복수하고 분노를 표출하는 사람들(마 18:15-35 참조). 그런 행동은 다 스스로도 수치심에 시달린다는 증거다.

남이 흥하면 기분이 나쁘고 남이 망하면 기분이 좋지 않은가? 수치심 때문에 그렇다. 톰 행크스가 500대 유명인 리스트에서 탈락했다는 기사를 읽었을 때가 기억난다. 내가 얼마나 인격적으로 부족한지 알고 싶은가? 그 기사를 읽자마자 나도 모르게 기분이 좋아졌다.

당사자로서는 수치스러웠을 일에 내가 쾌감을 느꼈다는 건 내 안이 그만큼 병들어 있다는 뜻이다. 다른 사람의 수치를 보면, 수치심을 품고 있는 사람이 나 혼자만이 아니라는 사실에 적잖이 위로가 된다. 아마도 이것이 동병상련이란 말이 생긴 연유가 아닐까? 이것이 아담은 하와를 핑계로 대고 하와는 뱀을 핑계 댄 이유다. 이것이 바리새인이 사람들을 못살게 군 이유다. 그들이 남에게 상처를 주며 살았던 것은 병들어 있었기 때문이다. 그들은 혼자만 수치심을 안고 살아간다는 기분을 떨쳐 내기 위해서 그렇게 행동했던 것이다.

예수 목소리의
볼륨을 키우라

／

그리스도장로교회의 목사로 부임하며 내슈빌로 이사하기 전에, 5년 동안 뉴욕 리디머교회에서 팀 켈러와 함께 사역하면서 많은 것을 배웠다. 처음 그곳에 부임했을 때 그를 멘토와 롤 모델로 삼을 수 있다는 사실에 큰 흥분을 느꼈다. 그가 매우 뛰어난 설교자이자 예수 운동의 리더였기 때문이다. 그런데 그 5년 동안 그 외에도 많은 면에서 그를 존경하게 됐다. 지금 내가 그에게서 가장 존경하는 점은 성경에 대한 사랑, 깊은 기도 생활, 화목한 가정이다. 무엇보다 그는 복음으로 허물을 덮어 주는 사랑을 최선을 다해 실천하는 인물이다.

켈러가 면전에서든 온라인에서든 뒤에서든 누군가를 헐뜯는 것을 단 한 번도 본 적이 없다. 그는 예수님께 용서와 인정을 받고 나면 그런 유혹에서 자유로워진다고 말했다. 그는 언제나 비판하거나 분노할 거리를 찾기보다는 좋은 면을 봤다. 누군가 잘못이나 실수를 해도, 비판과 독설을 쏟아내기보다는 언제나 겸손한 자제심과 자기반성으로 반응했다. 하나님의 은혜가 그렇듯 그는 사람들의 흠과 죄를 덮어 줬다. 물론 '내' 허물과 죄도 수없이 덮어 줬다.

팀 켈러가 그렇게 한 것은 그것이 은혜의 길이기 때문이었다. 은혜는 예수님 안에서 우리가 악의 밑바닥까지 추락할 일은 없다는 점을 일깨워 준다. 예수님이 우리를 그렇게 보호해 주시니 우리는 서로의 평판을 깎아내리기보다는 회복시키고, 욕하기보다는 명예를 지켜 주고, 악성 댓글을 실어 나르기보다는 우리 선에서 차단하고, 병든 사람에게 원한을 품기보다는 병든 관계를 회복하기 위해 애써야 한다.

켈러는 근거 없는 비판을 받고도 악하게 반응하지 않았다. 그는 말과 행동으로 내게 비판에 신경질적으로 반응해 봐야 좋은 결과로 이어지지 않는다는 점을 가르쳐 줬다. 또한 그는 우리를 비판하고 도무지 이해하려 하지 않는 사람들이, 우리를 가르치고 겸손하게 낮추기 위해 쓰임받는 하나님의 도구일 수 있다는 점을 내게 가르쳐 줬다.

> 첫째, 아무리 과장되고 부당한 공격이라 할지라도 거기에 일말의 진실이 있는지 살펴봐야 한다. 따라서 비난이 부분적으로, 심지어 대부분 잘못되었다 하더라도 혹시 정말로 잘못한 점이 있는지 스스로를 돌아보라. 자신도 모르게 신중하지 못한 행동이나 말을 했을 수 있다. 물론 비판이 부분적으로 옳다 해도 그 의도는 옳지 않을 수 있다. 하지만 그렇다 하더라도 주님 앞에서 잘못을 돌아보고 회개하라. 그래서 겸손해지라. 그렇게 되면 비판은 받아들일 수 없다 해도 그 비판으로부터 배우고 비판자를 향한 정중한 태도를

잃지 않을 수 있다.

당신을 전혀 모르는 사람의 비판(온라인 상에서 자주 벌어지는 일)은 부당하고 황당할 수 있다. 실제로 내 입장에 대해 비판을 받는 경우도 많지만 나와 상관없는 입장(과 동기)을 비판받는 경우가 더 많다. 그럴 때는 비판자를 비웃기 쉽다. '웃기는군.' 그렇게 쏘아붙이고 싶다. 하지만 그러지 마라. 상대방의 비판에 일말의 진실조차 없다 해도 속으로 비웃지 마라. 첫째, 그 일을 계기로 자신이 과거에 저질렀던 실수와 어리석은 행동을 다시금 기억하라. 둘째, 비판자가 은혜 안에서 성장하게 해달라고 기도하라.[5]

지금은 세상을 떠난 잭 밀러도 비판의 목소리에 늘 이런 반응을 보였다고 들은 적이 있다. 복음에 대한 굳은 믿음을 황당무계하게 비판받을 때도 이렇게 속삭였다고 한다. "나를 반밖에 모르는군. 나는 그보다 훨씬 더 못한 인간이건만."

작가 브레넌 매닝은 이렇게 말했다. "우리 자신보다 큰 근원을 무조건 믿어야만 비로소 우리에게 상처 준 사람을 용서할 힘이 생긴다."[6] 또한 그런 믿음이 있을 때 남에게 상처 주는 일을 멈추고 좋은 면을 보기 시작할 수 있다.

브레넌 매닝이 말한 근원은, 팀 켈러와 잭 밀러를 비롯해 수치를 주고받는 삶에서 자유를 얻은 수많은 사람이 만난 근원이다. 이 근원은 바로 예수님의 음성이다. 이 음성은 우리 안팎에서 들려오는 수치의 아우성을 모조리 잠재운다. 십자가 위에서 우리 수치를 남김없이 흡수한 이 음성이 이제 우리를 향해 선포한다.

> 그러므로 이제 그리스도 예수 안에 있는 자에게는 결코 정죄함이 없나니 …… 만일 하나님이 우리를 위하시면 누가 우리를 대적하리요 …… 누가 능히 하나님께서 택하신 자들을 고발하리요 의롭다 하신 이는 하나님이시니 누가 정죄하리요 …… 누가 우리를 그리스도의 사랑에서 끊으리요 …… 내가 확신하노니 사망이나 생명이나 천사들이나 권세자들이나 현재 일이나 장래 일이나 능력이나 높음이나 깊음이나 다른 어떤 피조물이라도 우리를 우리 주 그리스도 예수 안에 있는 하나님의 사랑에서 끊을 수 없으리라(롬 8:1, 31-39).

은혜와 자유를 선포하는 이 목소리의 볼륨을 높이자. 수치의 목소리가 완전히 묻혀 버릴 때까지.

: **저자의 생각 읽기**

수치는 강력한 목소리다. 이 목소리를 들으면 하나님과 우리 자신, 남들에 관해 잘못된 것을 믿게 된다. 하지만 우리 안에서 예수님의 목소리가 수치의 목소리보다 커지면 겸손하고 은혜로워져서 남들의 좋은 면을 보기 시작할 수 있다.

: **성경의 생각 읽기**   시 42:8-11; 롬 8:1-2, 31-39

그러므로 이제 그리스도 예수 안에 있는 자에게는 결코 정죄함이 없나니(롬 8:1).

: **당신의 생각 읽기**

1. 수치가 당신 삶에 어떤 영향을 미쳤는가? 수치가 하나님과 다른 사람들, 그리고 자신에 관한 당신의 시각을 어떻게 왜곡시켰는가?

2. 예수님께 사랑받고 속해 있다는 확신을 얻기 위해서는 예수님 음성의 볼륨을 높여야 한다. 구체적으로 어떻게 하면 좋을까?

당신이 통제하고 싶은 사람

7

타인을 통제하는 건 하나님께 훈수 두는 것이다

얼마 전 우리 교회 사역자의 문화를 책임지는 밥 브래드쇼가 우리 사역자들의 MBTI 성격 검사를 진행했다. 순서 중에 자신의 성격과 같은 역사 속 인물을 찾는 시간이 있었다.

내 성격(INFJ)은 전체 인구 중 1퍼센트가 채 되지 않는 가장 드문 유형이었다. 이 유형에 관한 토론을 하다 보니 내가 두 명의 역사 속 인물과 성격이 같다는 사실을 발견했다. 첫 번째 인물은 예수님이고, 두 번째 인물은 바로 아돌프 히틀러였다.

'도대체 이게 무슨 말인지!' 안타깝지만 사람들이 내게서 보는 인물은 예수님만이 아니다. 내 안의 히틀러가 불쑥불쑥 튀어나오곤 한다. 그렇게 통제하고 강압하고 사람들을 도무지 가만 두지 않는 모습이 나올 때마다 여지없이 누군가가 상처를 입는다.

주변 모든 것을
내 뜻대로 하고 싶은 유혹

/

아내와 결혼한 뒤 매일 밤 잠자리에 들기 전에 성경을 함께 읽기로 결심했다. 그런데 유익해야 할 성경 읽기 시간이 거의 매번 다툼으로 끝났다. 우리의 성경 읽기 시간은 그날 밤 읽을 구절을 펴면서 시작됐다. 성경을 읽고 나서는 서로의 의견을 나눴다. 그런데 성경 지식에 자긍심이 대단했던 애송이 목사는 매번 자신의 의견이 옳다고 완전히 확신했다. 물론 내 어여쁜 신부는 대체로 내 의견을 존중해 줬다.

하지만 호기심 많은 아내는 가끔 자신의 생각으로 내 '빛나는 지성'에 도전했다. "그런데 그런 뜻인지 어떻게 알아요?"라고 정중하게 묻는 식이었다. 그러면 나는 부부가 서로에게서 배워야 한다는 사실을 까마득히 잊고서 발끈했고, 그럴 때마다 아내는 상처를 받았다. 그러나 미련한 나는 대화의 주도권을 다시 잡기 위해 아내에게 왜 얼굴 표정이 좋지 않느냐고 따졌다. 아내는 내가 독선적인 바리새인처럼 군다고 항의했다. 나는 성경에 관해서는 내가 얼마나 옳은지, 나처럼 성경 학위까지 받은 사람의 말에 토를 다는 게 얼마나 교만한지를 다시금 똑똑히 일깨워 줬다.

그리하여 우리 부부의 성경 읽기 시간은 결국 한 달도 못 되어 막을 내리고 말았다. 몇 년 뒤, 여섯 살배기 딸과 주일학교에서 배운 내용으로 이야기를 나누다가 내 성경 지식을 증명해 보이겠다는 오기가 또다시 발동했다. 우리 딸 애비가 주일학교에서 배운 사울 왕 이야기를 떠올리며 말했다. "사울 왕? 나도 알아. 사람들이 왕을 삼으려고 하니까 싫다고 도망친 사람이잖아."

나는 사울이 몹시 왕이 되고 싶어 하는 사람이었다며 잘못된 지식을 바로잡아 줬다. 녀석이 선생님의 말씀을 잘 듣지 않은 게 분명했다. 하지만 애비는 자신이 옳다고 억지를 부렸다. 그래서 나는 또다시 대화의 주도권을 되찾기 위한 행동에 돌입했다. "애비, 겨우 여섯 살인 네가 성경에 관해 아빠보다 더 잘 안다고 생각해?"

그렇게 말하고 나서 성경책을 들고 조용히 방 안으로 들어갔다. 내 말이 옳은지 확인하기 위해서였다. 내가 옳다면 다시 대화를 주도할 수 있으니까. 감히 성경에 관해서 목사에게 의문을 제기한 꼬맹이를 다시 통제할 수 있으니까. 방 안에서 조용히 사무엘상 10장에 기록된 사울의 이야기를 폈다. 그런데 이럴 수가! 사울이 정말로 왕이 되기 '싫어' 짐 사이에 숨은 적이 있었다(삼상 10:22 참조).

전공 분야에서 여섯 살짜리 아이에게 패배를 인정하는 건 창피한 일이었다. 하지만 그렇게 할 수밖에 없었다. 나는 마지못해 사과하고 서둘러 대화 주제를 바꿨다.

여기서 끝이 아니다. 얼마 전 날씨가 기막히게 좋은 가을날 내슈빌의 한 도로를 달렸다. 나무들이 한창 옷을 갈아입는 중이었고 햇빛은 찬란했다. 지프의 뚜껑을 여니 시원한 가을바람이 온몸 구석구석을 쓰다듬었다. 하지만 나는 앞에서 달리는 스포츠카가 신경 쓰여 이 모든 아름다움을 놓치고 말았다. 그 차가 제한 속도보다 10킬로미터나 '밑돌게' 달렸기 때문이다!

짜증이 폭발했다! 나는 제한 속도보다 10킬로미터는 '웃돌게' 달리는 편이라 그 차의 꼬리에 거의 닿을 듯 붙어 계속 옆으로 비키라고 손짓을 했다. 낡은 자동차도 아니고 번쩍거리는 새 스포츠카가 기어가니 도무지 참을 수가 없었다.

코미디언 조지 칼린은 세상에 두 종류의 운전자가 있다고 말했다. 바보 운전자와 미치광이 운전자. 나보다 느리게 달리면 바보고, 나보다 빨리 달리면 미치광이다. 이 기준대로라면 그 가을날 나는 그 스포츠카 운전자를 바보 취급하는 미치광이였다. 나는 성경에 관한 대화만이 아니라 도로까지 지배해야 직성이 풀리는 사람이다.

나는 도대체 왜 이럴까? 왜 남들이 똑바로 하지 않으면 짜증과 화를 내는 걸까? 물론 여기서 남들이 똑바로 한다는 건 내가 원하는 대로 한다는 뜻이다. 아, 나는 얼마나 곤고한 사람인가. 작은 일에 크게 분노하고, 그 분노를 남에게 쏟아낸다. 대화를 통제하고 교통을 통제하려고 한다. 주변의 모든 것과 모든 사람을 통제하고픈 유혹을 떨쳐 내지 못하면 이렇게 될 수 있다. 자신이 옳다고 생각해서 자기 뜻을 남들에게 강요하려고 하면 이렇게 될 수 있다.

하지만 그 부작용은 정말 심각하다. 남을 통제하려고 하면 자신을 제어하기 쉽지 않다. 자신의 기준대로 남들을 바로잡으려고 하면 서로 피곤해진다.

문득 유명 가수 핑크가 부른 노래의 가사가 생각난다.

> 나는 나 자신의 위협. 내가 나한테 당하게 두지 마라.[1]

제발 나한테 당하지 마라. 내가 당신에게 상처를 준다면 가만히 있지 말고 말해 달라. 내 딸이든 느린 스포츠카 운전자든, 내 통제 욕구에 상처를 입는다면 주저하지 말고 말해 달라.

내게 거울을 보여 주는 친구, 내 장점만 칭찬하지 않고 기분 나쁘게 하는 점도 지적해 주는 친구야말로 충직한 친구다. 그런 친구의 책망은 비난이 아니라 우리의 악을 도려내는 수술칼이다. 그것은 모욕이 아니라 회복시키는 책망이다. 그런 친구는 내 안의 히틀러가 작아지고 대신 내 안의 예수님이 커지게 도와준다.

솔직한 가족과 친구, 동료들을 주신 하나님께 감사한다. 심지어 솔직한 낯선 사람에게도 고맙다. 내가 광폭한 미치광이로 변할 가능성이 얼마나 다분한지를 다시금 상기시켜 준 그 느림보 스포츠카 운전자에게도 감사한다. 사과해야 할 때 사과할 줄 아는 사람이 되고 싶다. 그리고 내가 변하고 싶어 한다는 사실을 하나님은 잘 아신다.

안심하고
자녀 인생 맡기기
/

이 글을 쓰는 지금 아내와 나는 고등학교 3학년인 애비를 세상으로 보낼 준비를 하고 있다. 4년 뒤면 엘리도 독립할 것이다. 두 딸 모두 대학에 가서 각자의 삶을 책임질 것이다.

대학 입학은 인생의 중요한 전환점 가운데 하나다. 특히, 모든 면에서 스스로 결정을 내려야 한다. 시간을 어떻게 사용할지, 잠을 얼마나 많이 혹은 적게 잘지, 언제 무엇을 먹을지, 운동을 할지 말지, 누구와 친하게 지내거나 이성으로서 사귈지, 어떤 활동에 참여할지, 얼마나 공부할지, 교회에 다닐지, 캠퍼스 사역에 참여할지, 부모에게 물려받은 신앙을 이어갈지, 모든 것을 스스로 결정해야 한다.

애비는 머리가 좋고 누구보다도 열심히 공부한다. 성적도 늘 상위권이다. 게다가 아이들을 워낙 잘 다루고 항상 집을 깨끗하게 정돈하기 때문에 베이비시터로도 인기 만점이다. 주유비의 절반, 옷값과 휴가비의 대부분을 스스로 벌어서 충당할 정도로 독립심이 강하다. 교회 중등부의 보조 교사로도 활동한다. 바쁜 시간을 쪼개 자주 장애인들을 찾아간다. 작년 여름에는 안타까운 사연들로 고아가 된 아이들의 얼굴에 웃음꽃을 피워 주기 위해 일주일간 중국으로 단기선교를 다녀오기도 했다.

애비는 뉴욕에서 자란 덕분에 글로벌 마인드를 가지고 있다. 그래서 문화나 인종, 경제적 지위, 정치 성향, 국적, 피부색과 상관없이 모든 사람 속에 있는 하나님의 형상을 볼 줄 안다. 모든 나라와 백성과 방언에서 그리스도 아래로 모인 한 민족이라는 성경의 비전에 따라서 말이다. 애비는 나중에 무슨 일이든 세상을 더 공정한 곳으로 만드는 데 일조하는 일을 하고 싶다고 말한다.

그런 애비가 너무나 자랑스럽다. 하지만 아무리 그렇다 해도 부모로서 그 아이를 놔주는 게 쉽지 않다. 딸들을 세상 속으로 보내는 게 때로는 두렵다. 그 아이를 이제 전적으로 하나님께 맡긴다는 게 말처럼 쉽지 않다.

내 친구 미치는 대학에 들어갈 때 집을 떠나면서 교회도 떠났다. 미치는 목사 아들로 태어나 주일학교를 거쳐 중고등부까지 빠짐없이 교회에 다녔다. 하지만 대학에 가면서 부모에게서 배운 것과 성경, 교회, 기독교, 예수님까지 멀리하기 시작했다.

사람들이 무엇을 믿느냐고 물으면 미치는 이렇게 대답했다. "무엇을 믿는지는 모르겠지만 한 가지만큼은 확실히 알아요. 나는 기독교가 지독히 싫습니다."

그로부터 몇 해가 지난 지금, 미치는 교회에서 대학부를 담당하는 목사다. 결국 미치는 어릴 적의 신앙으로 돌아왔다. 아니, 예수님과 성경에 대해 전보다 더 확신하게 됐다. 하지만 그렇게 하나님께로 돌아오기까지는 탕자로서 방황하던 시절을 거쳐야만 했다. 그의 부모님은 아들 때문에 밤잠을 설치고 매일같이 하나님 앞에 무릎 꿇었을 것이다.

한번은 미치에게 방황한 이유를 물어봤다. 미치가 대답한 말을 듣고 그때 꽤 큰 충격을 받았다.

"목사 아버지의 그늘 아래서 사는 것이 지긋지긋했습니다."

안타깝지만 그 심정이 충분히 이해가 간다. 목회자 집안에서 자라면 여느 아이들과 똑같을 수가 없다. 부모는 자녀를 보통 아이처럼 키우려 해도 주변에서 그냥 놔두지 않는다. 미치는 그냥 '미치'가 아니었다. 미치는 '목사님 아들 미치'다. 그래서 언제나 타의 모범이 되는 아이가 되어야 한다는 사람들의 은근한 압박이나 스스로 느끼는 부담감 속에서 산다. 물론 대부분의 경우는 외적인 압박과 내적인 압박이 동시에 나타난다.

당연히 우리 아이들도 이런 압박을 자주 느끼며 자라왔다. 한번은 한 교인이 우리 아이 중 한 명을 한쪽으로 불러 "목사님 딸"이고 "사람들이 눈여겨보고 있으니까" 모범이 되어야 한다고 말했다. 이런 말은 '목회자 자녀'는 혈통이 다르기 때문에 여느 아이들처럼 굴어서는 안 된다는 뉘앙스를 풍긴다.

어떤 의미에서 목회자 자녀는 나다니엘 호손의 소설 《주홍 글씨》(*The Scarlet Letter*)에서 간통을 저지른 사실을 누구나 알 수 있도록 밖에 나갈 때마다 가슴에 글자 'A'를 달아야 했던 헤스터 프린과도 같다. 착한 아이처럼 굴어야 한다는 사실을 기억할 수 있도록 밖에 나갈 때마다 '목회자 자녀'란 글자를 가슴에 달아야 하는 건 정말 피곤한 일이다. 헤스터 프린처럼 목회자 집안의 아이들에게는 여느 아이들보다 많은 이목이 집중된다.

우리 딸들이 날개를 활짝 펴고 목회자 자녀라는 울타리에서 벗어나 자신만의 하늘로 훨훨 날아올랐으면 좋겠다. 녀석들이 부모의 그늘과 둥우리에서 벗어나 자신만의 인생 이야기를 써내려가는 모습을 어서 보고 싶다. 부모의 그늘과 둥우리 밖에서 아이들이 자신만의 방식과 속도로 믿음을 추구하면서 예수님을 점점 더 사랑하기를 기도한다.

최고의 작가에게
훈수 두는 어리석음
/

너무 자명한데도, 하나님이야말로 우리 인생의 가장 지혜로운 저자이심을 자꾸만 잊어버린다. 이 사실을 분명히 아는 사람은 남의 인생을 함부로 정죄하거나 판단하지 않는다.

하지만 나는 우리 아이들의 인생 이야기를 하나님께 맡기지 않고 내 뜻대로 쓰려고 할 때가 많다. 나는 우리 아이들이 이야기의 중간 단계를 거치지 않고 곧바로 완성된 결말에 도달하기를 바랐고, 내 안의 교만한 자아는 자꾸만 우리 아이들의 이야기를 이렇게 저렇게 써 달라고 하나님께 훈수를 두려고 했다.

아, 믿음 적은 '나'라는 인간이여. 나처럼 가까운 사람을 자꾸만 통제하려고 하는 사람은 우리가 남의 인생 이야기를 엉망으로 쓰는 형편없는 저자라는 사실을 기억해야 한다. 오직 하나님만이 각 사람의 독특한 이야기를 써 주실 분이고, 믿음의 주요 온전케 하시는 이시다. 내가 아닌 하나님이 그 사람 속에서 시작하신 착한 일을 완성하실 것이다. 그분의 방식과 시간표와 과정에 따라 그렇게 하신다. 타인의 삶은 내가 아닌 하나님의 손 안에 있다. 하나님이 각자의 인생 이야기를 주권적으로 쓰셔서 각 사람을 가야 할 곳까지 온전히 인도하신다.

남의 이야기를 쓰는 일은 내 몫이 아니다. 걱정이 되긴 하지만 주님께 맡겨야 한다. 특히 자기 자녀의 이야기를 쓸 권리를 주님 앞에 내려놓는 건 정말 힘든 일이다. 그래도 내려놓아야 한다.

내 아이들의 이야기가 뜻밖의 방향으로 전개될 수도 있다. 꿈이 좌절되고, 가슴 아픈 일이 생기고, 영적 위기가 닥칠 수도 있다. 하지만 그런 일이 벌어져도 하나님이 온전히 다스리시니 희망을 잃을 것 없다. 우리가 통제하는 것보다 하나님이 다스리시는 것이 항상 더 낫다. 미치의 경우에서 보듯이, 심지어 인생의 방황조차도 본향을 향한 갈망의 불씨를 되살리는 불쏘시개가 될 수 있다.

우리 아이들이 홀로 만인의 아버지가 되시는 분께 사랑을 받는, 언약의 딸이라는 사실을 생각하면 정말 안심이 된다.

⋮ 저자의 생각 읽기

주변 사람과 환경을 통제하고 싶을 때가 많다. 하지만 우리가 하나님 노릇을 하려고 하면 오히려 일을 그르치고 만다. 남의 이야기를 쓰기에 우리는 너무 형편없는 저자들이다. 평안의 열쇠는 하나님께 통제권을 넘기는 것이다.

⋮ 성경의 생각 읽기 빌 1:6; 엡 4:20-23

너희 안에서 착한 일을 시작하신 이가 그리스도 예수의 날까지 이루실 줄을 우리는 확신하노라(빌 1:6).

⋮ 당신의 생각 읽기

1. 자꾸만 다른 이를 통제하고 싶은가? 그런 통제욕구의 원인이 무엇인가? 교만? 두려움? 아니면 둘 다?

2. 주변 사람들을 잘 인도하는 동시에 그들에 대한 통제권을 내려놓기 위해 구체적으로 어떻게 해야 할까?

가까운 친구와 배우자

8

아직 흠이 있지만, 우리는 공사 중이다

남녀의 사랑은 뜨겁게 시작된다. 나도 처음 아내를 만났을 때 뜨겁게 사랑했다. 한창 데이트할 때는 눈에 콩깍지가 씌워 아내의 행동 하나하나가 매력 넘치게 보였다. 아내는 지적이고, 신앙도 좋고, 세심하고, 남을 배려할 줄 알고, 만나면 즐겁고, 얼굴도 예뻤다. 한마디로, 평생을 함께하고 싶은 여자였다. 아내를 만나면 헤어지기가 싫어 잡은 손을 끝까지 놓지 않으려고 했다. 헤어지고 나면 또다시 만날 날만 손꼽아 기다렸다. 아내를 데리러 아내가 사는 집 앞에 갈 때마다 절로 사랑의 노래가 흘러나왔다. 물론 지금은 그 기억도 아련하지만 말이다.

아내와 첫 데이트를 한 지 어느덧 22년이 지났다. 네 도시, 여덟 곳의 집, 다섯 군데 교회, 개 두 마리, 금붕어 세 마리, 햄스터 두 마리, 10대인 두 딸, 두 번의 유산, 두 번의 근심과 우울증 발작, 잠깐의 실직 기간, 수많은 여행, 여러 차례의 병원 방문과 치료, 헤아릴 수 없이 많은 싸움과 사과와 용서. 그동안 이 모든 일을 겪으면서 진정한 사랑이 무엇인지를 더 깊이 이해하게 됐다. 진정한 사랑은 불같은 감정과 용솟음치는 호르몬이 아니라 흔들리지 않는 우정과 의리로 지탱된다.

2009년 〈뉴욕 타임스〉의 앨리 혹실드는 "가족과 계급, 문화의 상태"란 제목의 에세이에서 사랑에 대한 현대인의 접근법이 소비주의적이라고 지적했다.

> 현대인은 인터넷 사이트와 텔레비전 프로그램을 통해 '진열대'의 이성들을 훑어본다. 짝을 찾으려고 어떤 이들은 짧게 여러 이성의 간을 보는 '스피드 데이트'를 하고, 어떤 이는 '서로를 응시하는 파티'(한 번 응시하는 데 2분, 15번의 응시)에 참석한다. 예전에는 기업이 최신 제품을 소개하는 광고로 소비자의 관심을 끌었다면 이제는 우리로 하여금 매번 새로운 사랑을 찾게 만든다. 가족을 중요하게 여기는 가치가 없어서라기보다 자신도 모르게 시장의 갈아치우기 문화에

계속 젖어드는 게 근본적인 문제다.[1]

혹실드에 따르면, 많은 사람이 사랑을 서로에게 헌신하는 언약이 아닌 손익 관계로 보고 있다. 이혼율이 높고 결혼 시기를 최대한 늦추는 현대 사회에서는 사랑을 주로 개인 만족의 수단으로 본다. 성적인 만족이 있고, 굳이 노력하지 않아도 관계가 좋으며, 함께하는 것이 손해보다 이익이 크다고 판단될 때는 관계를 유지한다. 하지만 상황이 조금이라도 변하면 가차 없이 등을 돌린다. 오늘날 사랑은 위기에 처해 있다. '숨이 붙어 있는 한'이 '사랑하는 감정이 남아 있는 한'으로 바뀌면 그것은 사랑이 아니다.

남녀 간의 성경적인 사랑은 세상에 만연한 사랑관과는 전혀 다르다. 사랑의 출발점은 이기주의에서 벗어나 상대방을 섬기는 자세로 나아가는 것이다. 성경은 '사랑', '언약', '복종', '희생', '섬김', '세워 줌', '존경' 같은 단어를 사용해서 남녀의 연합에 대한 하나님의 비전을 설명한다(엡 5:21-33 참조).

성경의 이런 원칙은 우정에도 똑같이 적용된다. 그리스도인에게 결혼과 우정의 지향점은 그리스도와 교회의 영원한 연합이다. 결혼을 했든 안 했든 우리 목표는 이 연합을 향해 함께 나아가는 것이다.

나에 관한 모든 진실을 아는
동반자

/

창세기 앞부분을 보면 사람은 부모를 떠나 아내와 연합하여 둘이 한 몸을 이뤄야 한다. 또한 부부의 원형인 아담과 하와를 보면, 부부는 서로에게 서로를 훤히 드러낸 채로 살아야 한다. "아담과 그의 아내 두 사람이 벌거벗었으나 부끄러워하지 아니하니라"(창 2:25).

두 사람은 서로에게 서로를 다 드러내고도 온전히 사랑했다. 둘은 서로를 속속들이 알고도 거부하지 않았다. 벌거벗었으나 부끄러워하지 않았다. 이것이 결혼을 비롯해서 모든 인간관계의 이상이다.

벌거벗었으나 부끄러워하지 않는 상태. 바로 이런 상태가 이뤄질 때 구속하는 관계가 가능해진다. 에베소서 5장은 부부가 서로를 흠 없이 깨끗한 모습으로 예수님 앞에 선보이기 위해 서로를 "물로 씻어 말씀으로 깨끗하게"(26절) 해야 한다고 말한다. 물론 남편이 이 일을 주도해야 하기는 하지만, 남편과 아내 모두 이런 일에 서로가 복종함으로써 성장할 수 있다.

자주 간과되는 사랑의 유익 중 하나는 하나님이 그 사랑으로 우리를 성숙시키신다는 것이다. 하나님이 부부를 하나로 묶으신 이유 중 하나는 두 사람의 인격이 성장할 수 있도록 구속적인 긴장을 일으키는 것이다. 부부나 친한 친구 사이가 사랑과 희락, 화평, 인내, 자비, 양선, 충성, 온유, 절제에서 서로를 자라게 하지 않는다면 그 관계는 문제가 있는 것이다.[2]

우리에 관한 모든 진실을 아는 사람들. 우리의 SNS 프로필이나 이력서, 예의 바른 행동이 우리의 일부일 뿐이라는 사실을 잘 알고 있는 사람들. 대외적인 모습만이 아니라 은밀한 모습까지 다 아는 사람들. 우리에게는 이런 인생의 동반자가 필요하다. 왜냐하면 우리를 속속들이 알고 있는 사람만이 우리가 더 좋은 모습으로 성장하도록 도와줄 수 있기 때문이다. 우리 모두에게는 솔직하고 정확하게 지적해 줄 사람이 필요하다.

영혼의 의사들

/

폴 트립은 《목회, 위험한 소명》(*Dangerous Calling*, 생명의말씀사 역간)이란 책에서 아내와 사이가 좋지 않았던 시절을 고백했다. 당시 그는 성공한 목회자로 온 성도의 사랑을 한 몸에 받고 있었다. 교인들의 눈에 그는 작은 실수조차 하지 않을 것처럼 완벽해 보였다. 하지만 집에서의 모습은 전혀 달랐다. 그는 가족, 특히 아내에게 자주 화를 냈다. 한번은 심한 부부 싸움 도중 그는 교회의 여자 성도 중 95퍼센트가 자신과 같은 남편을 만날 수만 있다면 뭐든 할 것이라고 말했다. 그 말에 그의 아내는 자신이 나머지 5퍼센트 중 한 명이라고 대답했다.³

폴 트립은 아내의 말이 마치 외과용 메스처럼 자신을 깊이 베었다고 고백했다. 그러나 그 말은 그를 무너뜨린 게 아니라 치유하고 회복시켰다. '충직으로 입힌 상처'는 그 가정의 전환점이 됐다. 그 말은 분노로 가득했던 남편을 슬픔과 회개를 거쳐 온화한 성품으로 이끌었다. 폴 트립처럼 우리도 가끔씩 뒤집어쓰고 있던 허울이 날아가는 경험을 할 필요가 있다. 그렇게 치부가 훤히 드러나지 않으면 우리는 인격의 얼룩과 주름을 다뤄야 한다는 절박감을 느끼지 않기 때문이다.

내게도 그런 경험이 필요했다. 이것이 내가 아내에게 고마워하는 수많은 이유 가운데 하나다. 20년 넘게 동행하는 동안 아내는 예전의 건강했던 상태로 돌아가도록 끊임없이 나를 자극했다. 내가 하나님의 약속보다 두려운 상황에 시선을 고정할 때, 돈 같은 엉뚱한 것에서 안정을 찾을 때, 유명한 사람의 이름을 들먹이며 잘난 체를 할 때, 과로할 때, 식사 자리에서 정신이 별나라로 가 있을 때, 실망스러운 일 앞에서 인격적이지 못한 반응을 보일 때, 남들 앞에서 가면을 쓴 모습을 보일 때. 그럴 때마다 여지없이 아내의 펀치가 날아왔다.

마치 외과의사의 메스처럼 내 안의 암 덩어리를 도려내 준 아내가 없었다면 지금쯤 내 인격이 얼마나 엉망일지 상상이 가질 않는다. 내가 하나님이 원하시는 사람으로 성장하지 않을 때마다 아내는 나를 가만히 두지 않았다. 아내의 부드러운 지적과 책망은 나를 완성시켜 가는 하나님의 도구 중 하나였다.

이렇게 생각해 보라. 결혼해서 가정을 이루면 당신의 은밀한 부분을 볼 수 있는 사람은 오직 세 명뿐이다. 바로 당신과 당신의 배우자, 의사. 당신의 몸이 아플 땐 의사가 진찰하고 필요하면 칼까지 댈 수 있도록 자신의 아픈 부위를 내어 맡긴다. 그래야 건강해질 수 있으니까. 그런데 몸은 기꺼이 드러내면서 왜 인격에 대해서는 그러지 못하는가? 영혼의 치유를 원한다면 배우자와 멘토, 친구, 소그룹 식구를 비롯해 가까운 모든 사람에게 자신을 열어 도움을 받아야 한다.

배우자 선택의 기준

솔직히 고백하면 나는 온라인 결혼 정보 사이트를 그다지 반대하지 않는다. 나와 아내는 그런 식으로 만나지는 않았지만 그런 사이트에서 만나 아주 잘살고 있는 부부들을 꽤 알고 있다. 신앙이나 성격, 원하는 자녀수, 직업 목표 같은 중요한 영역에서 서로 잘 맞는지 확인해서 나쁠 것은 없다.

하지만 이런 사이트에 한 가지 걱정스러운 점이 있다. 회원이 가장 먼저 보는 것이 사진이라는 점이다. 웹 사이트든 실제로 만나는 파티든, 많은 사람이 얼굴과 몸매만으로 후보자의 90퍼센트를 걸러 낸다. 아마 이런 말은 다 들어 봤을 것이다. 어쩌면 당신도 이런 말을 해 봤을지도 모르겠다. '얼굴이 잘생기지는 않았지만 그나마 성격은 좋아.' '미인은 아니지만 그래도 괜찮은 여자야.'

그나마? 그래도? 성경은 "아름다운 것도 헛되나"(잠 31:30)라고 가르치며, 하나님이 외모보다 마음을 보신다고 말한다(삼상 16:7 참조). 하지만 우리는 본질보다 표면을, 내적 거룩함보다 외적 화려함을, 영적 열매보다는 눈에 즐거운 것을, 마음보다는 외모를 선택할 때가 얼마나 많은가. 이는 앞뒤가 바뀐 처사다.

지혜로운 사람이 배우자나 가깝게 사귈 친구를 고를 때 '먼저' 던지는 두 가지 질문이 있다. 첫째, 이 사람이 나로 하여금 예수님께로 더 가까이 다가가게 만드는가? 둘째, 이 사람이 자신을 예수님께로 더 가까이 가게 해 줄 사람을 찾고 있는가?

인기와 외모 같은 매력은 잠시뿐이다. 오랜 우정이나 사랑을 원한다면 가장 먼저 두 가지를 찾아야 한다. 첫째, 정직하고 겸손한 마음. 둘째, 닳은 성경책. 성적이고 외모지향적인 세상 속에서 사람들은 이 두 가지 핵심을 자주 잊어버린다.

또한 오랫동안 관계를 이어가려면 자신의 약점과 악한 성향, 나

뻔 습관을 상대방에게 편하게 드러낼 수 있어야 한다. 자신의 가장 부족한 부분이 드러나도 버림받지 않는다는 확신이 있어야 한다.

성경을 보면 다윗과 요나단은 평생의 친구가 되기로 언약을 맺었다(삼상 18:3; 20장 참조). 마찬가지로 남편과 아내가 부모를 떠나 한 몸이 되어야 한다는 성경의 말씀은 두 사람이 죽는 날까지 꼭 붙어서 동행해야 한다는 뜻이다. 어떤 어려움이 있어도 두 사람은 끝까지 함께 살아가야 한다.

목사로서 나는 약혼한 남녀에게 결혼 서약을 스스로 쓰는 것보다 전통적인 서약서를 사용할 것을 권한다. 전통 서약서는 그 순간의 감정에 초점을 맞추지 않기 때문이다. 전통 서약서는 감정이 약해지거나 사라지고 나서도 계속 서로를 사랑하겠다는 '약속'에 초점을 맞춘다.

C. S. 루이스는 불같은 감정이 사그라진 뒤에도 상대방에게 변함없이 헌신하는 것이 바로 참된 사랑이라고 말했다.

> 사람들은 진정한 짝을 만나 결혼하면 '사랑에 빠진 상태'가 영원히 지속된다는 관념을 책에서 얻는다. 그 결과, 그런 상태가 지속되지 않으면 자신이 실수한 것이기 때문에 상대를 바꿔도 된다고 생각한다. 상대를 바꿔 봐야 새로운 사랑의 황홀함도 옛 사랑처럼 결국 사라진다는 걸 모르고 말이다.[4]

영화 〈뷰티풀 마인드〉는 결혼의 첫 '황홀함'이 사라진 뒤에도 변함없는 언약의 사랑을 아름답고 그려 낸다. 영화의 주인공은 노벨상을 수상한 프린스턴대학의 수학자 존 내쉬다. 내쉬는 조현병에 걸리면서 점점 더 가까이하기 힘든 사람으로 변해 간다.

어떤 장면에서 한 친구가 내쉬의 아내에게 오로지 주기만 하는 힘든 결혼생활을 어떻게 이어갈 수 있는지 묻는다. 아내의 대답은, 지독히 괴로운 순간에도 자신이 처음 결혼했던 그 남자를 기억하려고 애쓴다는 것이었다. 남편의 옛 모습에 대한 기억이 지금의 남편을 계속 사랑할 수 있는 원동력이었다.[5]

믿음으로 살고
믿음으로 사랑하기

하지만 과거에 관한 좋은 기억만으로는 계속 사랑하기가 힘들다(현실에서 내쉬의 가정은 결국 이혼했다. 그러다 몇 년 뒤 다시 만나 같이 살았고, 오랜 세월이 흘러 법적으로도 재결합했다). 감사하게도 그리스도인 사이의 결혼과 우정은 과거만이 아니라 미래에서도 사랑할 힘을 얻을 수 있다. 예수님이 우리 눈앞에 있는 사람이 언젠가 완성될 것이라고 약속해 주셨기 때문이다.

성경적인 사랑이란 눈앞에 있는 사람을 언젠가 완성될 미완성

작품으로 본다는 뜻이다. 지금은 흠 많은 죄인이지만 언젠가 완벽한 성도가 될 것이다. 약하고 아픈 존재가 언젠가 건강한 존재로 온전해질 것이다. 성경적인 사랑이란 예수님이 상대방 안에서 시작하신 착한 일을 언젠가 완성하실 것이며, 그렇게 완성된 작품은 더없이 영광스러울 것이라는 사실을 늘 기억하는 것이다(빌 1:6; 요일 3:2 참조).

하나님은 현재의 모습만 보고 사랑하지 말라고 말씀하신다. 믿음의 눈으로 온전히 구속되어 온전해진 미래의 모습을 보라. 예수님은 특히 부부나 절친한 친구 사이가 나빠질 때 그분의 눈으로 자기 자신과 서로를 바라보라고 말씀하신다. 예수님은 영원한 사랑으로 우리를 보신다. 우리를 구원하시고 완성된 미래를 약속해 주신 그 사랑으로 우리를 보신다. 예수님은 우리를 언젠가 상수리나무가 될 도토리로, 언젠가 탐스러운 사과나무가 될 사과 씨앗으로, 언젠가 나비가 될 번데기로, 언젠가 불후의 명곡이 될 불협화음으로 보신다.

> 너희 안에서 착한 일을 시작하신 이가 그리스도 예수의 날까지 이루실 줄을 우리는 확신하노라(빌 1:6).

우리를 떠나지도 버리지도 않는 사랑. 우리의 얼룩과 주름보다 더 크고 강한 사랑. 죽음보다도 강한 사랑. 우리를 악에서 구해 주시는 사랑. 예수님이 우리 안에서 시작하신 착한 일을 마치시는 날, 이런 사랑의 이유를 똑똑히 보게 될 것이다. 이 사랑이 우리를 그분이 영원히 품에 안으실 아름다운 신부로 변화시킬 것이다.

이런 관점을 품은 사람은 소비주의적인 연애나 우정을 추구하지 않는다. 오직 언약의 관계만을 추구한다. 믿음으로 살고 믿음으로 사랑하자. 예수님이 우리 안에서 시작하신 일을 완성하실 것이기에 눈앞의 사람에게 끝까지 헌신하는 것은 가치 있는 일이다.

: **저자의 생각 읽기**

하나님은 우리의 성장을 위해 우리를 친밀한 언약의 관계 속에 두셨다. 하나님은 우리 안에서 시작하신 착한 일을 완성하실 것이라고 약속하셨으며, 그 과정에 배우자, 친한 친구들을 사용하신다. 이것이 우리가 서로를 포기하지 말고 끝까지 헌신해야 하는 이유다.

: **성경의 생각 읽기**   창 2:22-25; 빌 1:6

사람은 외모를 보거니와 나 여호와는 중심을 보느니라(삼상 16:7).

: **당신의 생각 읽기**

1. 절친한 친구, 애인이나 배우자를 어떤 기준으로 선택하는가? 외모와 가문인가, 겸손한 마음과 닳은 성경책인가?

2. 가까운 사람이 당신의 부족한 점을 지적하도록 허용하는 게 왜 중요한가?

'남녀 간 결혼'의 울타리 밖에서 성을 추구하는 사람

9

안 보이는 길을 비춰 줄
빛을 찾고 있다

성(性)에 관한 문화적 풍경이 변하고 있다. 하나님이 한 남자와 한 여자 사이의 결혼을 위해서만 성을 창조하셨다는 기독교와 유대교, 이슬람교 공통의 오랜 신념이 세속 사회만이 아니라 기독교 내에서도 공격을 당하고 있다. '부도덕'과 '음란'(포르네이아; 한 남자와 한 여자의 결혼이라는 울타리 밖에서 이루어지는 모든 성행위를 지칭하는 신약의 헬라어)이 동일한 것이라는 오랜 믿음이 무너져 내리고 있다. 서구의 진보적인 그리스도인은 "우리 시대는 다르다"라고 말한다. 그들은 이혼, 동거, 동성애를 금하는 성경 구절은 그 시대만의 독특한 상황에 따라 쓰인 것이기 때문에 현대 사회에 그대로 적용할 필요는 없다고 주장한다.

그런 새로운 해석이 설득력 없고 비성경적이라고 주장하는 그리스도인은 점점 깨이지 않은 사람들, 심지어 편협한 고집쟁이로 취급받는다. 이 새로운 문화 흐름을 어떻게 다뤄야 할까? 무엇보다도 이 문제에 관해 성경을 어떻게 이해해야 할까? 그리고 그 이해를 바탕으로 구체적으로 어떤 행동을 취해야 할까?

우리가 성경을 잘못 해석한 것인가

일단, 많은 그리스도인이 이 문제에서 상대방을 배척하는 입장을 경계한다. 지금까지 동성애자나 트렌스젠더, 결혼하지 않고서 성을 즐기는 남녀를 정죄하고 비난한 결과는 상처뿐이었다. 그런데 너보다 내가 거룩하다는 태도를 버리는 것까지는 좋지만 예로부터 기독교 신앙에서 벗어난 것으로 여겨지던 성적 성향을 동정하고 심지어 지지하기까지 하는 세태는 실로 문제다.

한때 문화적 금기였던 성적 성향이 주류가 되어 간다. 너도 나도 '이혼 사유 없는 이혼'(no-fault divorce)과 동성애, 동거 사실을 거리낌 없이 공개하다 보니 이제 그리스도인도 비난하기보다는 동정하고, 배척하기보다는 지지하고, 거부하기보다는 인정해야 한다는 분위기가 일고 있다. 게다가 성적 소수자가 과거에 억압받던 소수자, 곧 노예에 비교되니 압박감이 이루 말할 수 없다. '노예제도가 성경적으로 옳지 않다는 사실을 마침내 깨달았기 때문에 그리스도인은 노예제도에 대한 입장을 바꿨다. 이제 동성애에 대해서도 입장을 바꿔야 할 때다! 성적 소수자는 새로운 노예다!' 세상은 그렇게 우리를 몰아세운다.

하지만 한 남자와 한 여자의 결혼 밖에서 이루어지는 성에 관해 성경은 일관적으로 부정적인 입장을 취한다. 물론 바울은 노예 주인인 빌레몬에게 보낸 편지에서 오네시모를 노예처럼 대하지 말고 형제로 받아 주라고 권고했다(몬 1:8-22 참조). 하지만 성과 결혼에 대해서는 비슷한 구절조차 찾아볼 수 없다.

구약에서 신약으로 넘어가면서 여자, 소수 민족, 노예, 억압받는 자를 존중하고 돕고 해방시켜야 한다는 내용이 나타난다(갈 3:28 참조). 하지만 성과 결혼에 관해서 성경은 점점 더 보수적인 입장을 취한다. 예를 들어, 구약에서 성행했던 폐해 중 하나였던 일부다처제는 신약에 이르러서 사라진다. 예수님은 "창조 때로부터 사람을 남자와 여자로 지으셨으니 …… 그 둘이 한 몸이 될지니라"(막 10:6-8)라고 말씀하셨다. 장로는 바울과 예수님처럼 독신으로 살든지 한 명의 아내와 살아야 한다(딤전 3:2 참조). 예수님은 간음 현장에서 잡힌 여인을 정죄하시지는 않되 죄의 삶을 떠나라고 분명히 명령하셨다(요 8:1-11 참조). 귀한 몸과 영혼을 계속 간통으로 더럽혀서는 안 된다. 요컨대, 노예 해방과 달리 (동성 간이 아닌) 남녀 간에 결혼의 울타리 밖에서 성을 추구하는 자에게 해방을 선언한 구절은 성경 어디에도 없다.

요즘 이런 가르침은 인기가 없다. 하지만 성경은 시대를 초월한다. 시대의 변화에 따라 성경을 고치거나 가지치기할 수는 없다. 세상 문화와 진리가 상충할 때 진정한 신자라면 시대에 상관없이 반문화적인 태도를 유지해야 한다. 바로 이것이 진정으로 시대에 필요한 기독교다.

우리는 그리스도의 '사랑'에 따라 그 어떤 사람이나 집단도 배척하지 말고 언제나 친절과 우정의 손길을 내밀어야 한다. 이런 행동 자체가 현대 사회에서는 반문화적이다. 우리는 그리스도의 '진리'를 따라 창조주의 뜻을 따라야 한다. 심지어 그것이 반문화적이고 때로는 반직관적으로 보일지라도 그분의 생각은 언제나 우리의 생각보다 높다.

성경의 입장은
단호하다
/

예수님은 독신으로 사셨지만 남녀 간에 결혼의 울타리 안에서 이뤄지는 성을 권장하셨다. 사실 성은 그분이 창조하신 것이다. 성은 금기가 아니다. 성은 선물이다. 이 선물로 남편과 아내는 에덴의 상태, 곧 벌거벗고도 부끄럽지 않고 치부까지 훤히 드러나고도 거부당하지 않는 상태를 함께 맛볼 수 있다(창 2:25 참조). 잠언은 남편에게 아내의 품 안에서 만족을 찾으라고 권한다(잠 5:19 참조). 솔로몬의 아가에서는 남편과 아내가 서로의 벗은 몸을 거리낌 없이 즐기는 모습을 시로 표현한다. 바울은 스스로는 예수님처럼 독신이었으면서도 육체가 건강한 사람이라면 기도에만 전념하는 짧은 기간 외에는 배우자와 자주 성을 즐겨야 한다고 말했다(고전 7:4-14 참조). 역사는 예수님과 그분의 신부인 교회의 결혼으로 정점에 이를 것이다(계 21:1-5 참조). 이는 결혼했든 안 했든 상관없이 모든 신자가 기대할 수 있는 '큰 비밀'이다.

단, 하나님은 성을 왜곡하거나 남용하거나 우상으로 변질시키지 말라고 명령하신다. 성경은 모든 성적 타락을 통칭하는 헬라어 '포르네이아'를 사용해 한 남자와 한 여자가 만나 둘이 하나가 되는 하나님의 비전에서 벗어나는 것을 경계한다.

왜 성경은, 이성 간 결혼 안에서의 성에는 그토록 관대하면서 다른 배경에서의 성에는 그토록 제한적인가? 성이 인간의 모든 능력 중에 가장 즐거우면서도 가장 위험하기 때문에 하나님이 성 주위로 보이지 않는 난간을 설치하셨다는 팀 켈러의 설교가 기억난다. 성은 초월적이고 초자연적인 경험이다. 성은 마치 불과 같다.

한편으로 불은 따뜻하게 해 주고 정화시킨다. 하지만 적절히 억제하고 세심하게 다루지 않으면 불태우고 지울 수 없는 상처를 남기고 감염시키고 파괴한다. 성도 마찬가지다. 나는 오랫동안 목회하면서 성의 이런 부작용을 수없이 목격했다. 잠언 기자는 이렇게 말한다. "어떤 길은 사람이 보기에 바르나 필경은 사망의 길이니라"(14:12).

이런 현실을 아는 사람들은 그리스도인만이 아니다. 예로, 코미디언 러셀 브랜드는 포르노에 관해서 다음과 같은 말을 했다.

> 성에 대한 우리의 태도는 왜곡됐다. 그래서 성은 사랑의 표현이자 생산의 수단이라는 본래의 기능에서 벗어났다. 문화 변용으로 우리가 성을 계획하고 표현하는 모습이 극심한 혼란에 빠져 있다. '포르노는 우리에게 너무 많이 보여 주기 때문이 아니라 너무 적게 보여 주기 때문에 문제다'라는 어느 신부의 인용문을 들은 적이 있다. …… 포르노가 성이라는 아름다운 장관을 정신을 이탈한 단순한 육체 행위로 전락시킨다는 뜻으로 생각된다.

브랜드는 포르노가 "해로운 마약"이라고 했다. 포르노는 관음증이다. 여성과 상호작용하기보다는 그저 보는 데 집착하는 것이다. 포르노는 사람을 상품으로 취급하는 성적 대상화이며, 진정한 친밀함에 대한 두려움을 표현하는 것이다. 브랜드의 말을 조금 더 들어 보자. "포르노는 내가 좋아하는 게 아니다. 하지만 보지 않으려고 해도 얼마 지나지 않아 다시 보게 된다. 포르노는 여성과의 관계, 나 자신과의 관계, 성생활, 내 정신에 나쁜 영향을 미친다."[1]

예수님의 행보 따라가기

그렇다면 성에 관한 바람직한 방향은 무엇인가? 나는 약간 통념에서 벗어난 방향을 제시하고 싶다. 그리스도인, 특히 앞서 설명한 품위 있게, 역사적인 유대-기독교 성 윤리를 지지하는 사람들이 '저 밖에서' 성경적인 결혼을 주장하는 것보다 '이 안에서' 성경적인 결혼을 촉진시키는 데 더 전념하면 좋지 않을까?

우리가 이 문제를 둘러싼 문화 전쟁에서 지고 있다는 사실을 우선 인정해야 하지 않을까? 지난 20년 동안 기독교 전도자들이 진리를 향한 열정이 지나쳐 사랑을 잊어버린 게 주된 원인이다. 또한 우리는 실패한 도덕적 다수 중심의 접근법을 버리고 더 성경적이고 생산적인 소수 중심의 접근법으로 나아가야 한다.

성적 소수자 관련해서는, 서로의 차이점을 보기보다는 어떻게 하면 우정을 쌓고 서로의 생각과 차이점에 관해 정중하면서도 활

발한 대화를 나눌 수 있을지에 초점을 맞출 것을 제안한다. 이성애자든 성적 소수자든 우리 모두는 한 인류다. 차이 '때문에' 서로를 미워하고 불신하는 것보다 차이를 '초월한' 사랑의 관계를 맺는 것이 인류 전체에 훨씬 유익하다. 마틴 루터 킹 주니어는 이렇게 말했다. "미움은 미움을 몰아낼 수 없다. 오직 사랑만 그렇게 할 수 있다."

우리가 이런 비전을 품으면 놀라운 일이 일어날 수 있다. 예를 들어, 복음주의자 케빈 팔라우와 포틀랜드의 게이 시장 샘 애덤스는 서로의 차이만 따지기보다는 서로의 아이디어와 자원을 합쳐 포틀랜드의 가난한 사람들을 섬겼다. 두 사람은 그 경험을 포틀랜드의 승리만이 아니라 그들의 개인 승리로 봤다. 그리고 도덕 논쟁에만 열을 올릴 때는 그렇게 열리지 않았던 예수님과 복음, 하나님 나라에 관한 대화의 문이 마침내 열렸다.[2]

미국 의무감(Surgeon General)을 역임했던 복음주의 그리스도인 C. 에버레트 쿠프는 당시 게이만 걸리는 것으로 여겨졌던 에이즈를 퇴치하기 위해 누구보다도 앞장섰다. 스스로를 '무신론자'이자 '퀴어'(queer; 동성애자를 통칭하는 말-옮긴이)로 여기는 크리스 스테드먼도 빼놓을 수 없다. 그는 무신론자와 그리스도인의 우정과 협력을 촉구했다.

> 그리스도인과 무신론자의 골은 깊다. …… 나는 그 골을
> 메우기 위해 애쓰고 있다. 다른 무신론자와 그리스도인을

비롯해서 신념과 배경을 가리지 않고 모든 사람과 함께 더 협력하는 세상을 일구어 간다. …… 사람들이 서로의 차이를 초월해서 솔직하고 정중한 대화를 나눌 수 있는 세상을 꼭 보고 싶다.[3]

우리도 이런 세상을 꿈꾸면 어떨까? 각자 자신만의 신념을 품되 그 신념에도 불구하고가 아니라 그 신념 때문에 "서로의 차이를 초월해서" 우정을 쌓고 솔직한 대화를 나눌 수 있는 세상 말이다.

우정과 공익이 기독교와 성적 소수자 집단 모두의 '주된' 목표가 되는 세상을 향해 나아가면 어떨까? 예수님은 사마리아 여인을 비유의 주인공으로 선택하셨고 세리들의 파티에 즐겨 찾아가셨다. 예수님은 성 관념과 음주 습관, 종교적 믿음이 다른 사람들과 어울리셨다. 예수님의 이런 행보를 따라간다면 우리가 지금까지보다 더 잘 할 수 있지 않을까 생각한다(눅 10:25-37; 막 9:10; 요 4:1-42; 마 11:19 참조).

윤리가 중요하지 않다는 말이 아니다. 윤리는 너무도 중요하다. 하지만 먼저 우정의 기초를 쌓지 않으면 윤리에 관해 생산적인 대화를 나눌 수 없다. 그래서 그리스도인이 성적 소수자의 가치를 공격하기보다는 에버레트 쿠프처럼 성적 소수자를 괴롭히는 우울증, 자기혐오, 고립, 따돌림, 가족의 외면, 치솟는 10대 자살률 같은 문제에 더 집중하면 어떨까?

생명을 살리는 소수 중심의 접근법은 '예수님이 종교계로부터 외면당한 사람을 사랑하고 치유해 주셨다면 우리도 그렇게 해야 마땅하다'는 자각에서 시작된다. 예수님이 사마리아인 마음에 있는 선을 보셨다면 우리도 그래야 마땅하다(눅 17:11-19; 7:36-50 참조). 그리고 예수님이 스스로는 역사적이고 성경적인 성 윤리를 철저히 따르면서도 성적으로 타락한 사람을 정죄하지 않으셨으니 우리도 그래야 마땅하다.

세상 사람의 성 관념을 정죄하는 데 에너지를 쏟기보다는 이웃을 내 몸처럼 사랑하고 우리가 대접받고 싶은 대로 이웃을 대접하는 일에 더 집중하면 어떨까? 물론 우리의 이웃에는 모든 종류의 사람이 포함된다. 당신은 어떨지 모르겠지만 나는 당장이라도 소매를 걷어붙일 준비가 되어 있다. 작가 매들렌 렝글은 우리가 "어디서 오는지 꼭 알고 싶을 만큼 사랑스러운 빛을 '보여 줄' 때 …… 사람들이 그리스도께 끌린다"라고 말했다.[4] 빛을 '보여 주지는' 않고 '말로만' 떠들면 역효과만 낳을 뿐이다.

먼저 해야 할 일

세상의 타락한 성 문화를 비난하기보다는 예수님의 뜻대로 "산

위에 있는 동네"가 되기 위해 노력하는 게 어떨까?(마 5:14-16 참조) 바울과 예수님처럼 결혼하지 않고 순결을 지키는 것을 고상하고 생산적인 소명으로 인정해 주면 어떨까? 독신이 결혼보다 덜 흔하지만 바울처럼 주님의 일에 전적으로 헌신할 수 있기 때문에 훨씬 더 좋다고 인정해 주면 어떨까? 교회에서 혼자라는 의미의 '싱글'이라는 단어를 없애 버리면 어떨까? 교회가 결혼했든 결혼하지 않았든 이혼했든 이성에게 끌리든 동성에게 끌리든 상관없이 모든 사람을 다윗과 요나단 같은 깊은 영적 우정으로 품어 주는 가족이어야 한다는 성경의 비전을 새롭게 받아들이면 어떨까? 남녀의 사랑에 버금갈 만큼 서로 모든 것을 나눴던 다윗과 요나단의 우정으로 모든 사람을 받아 주면 어떨까?(고전 7:8; 삼하 1:26 참조)

계속해서 역사적이고 성경적인 유대-기독교 성 윤리를 고수하되, 그 윤리의 칼날에 베일 수밖에 없는 사람의 짐과 외로움을 최대한 덜어 줄 수 있는 창의적인 방법을 찾으면 어떨까? 최근에 동성애자이지만 예수님을 위해 독신을 선택한 한 남자가 결혼하지 않고 교회를 배우자로 여겨 의지한다고 말하는 것을 들었다. 역시 동성애자인 한 여성은 같은 교회에 다니는 한 성도 가족이 순결과 독신의 결심을 끝까지 지킬 수 있도록 자신에게 방 한 칸을 '평생' 사용하도록 내어 줬다는 말을 했다. 이런 일이 우리 삶과 교회 안에서 일어나면 얼마나 좋을까?

예수님과 그 신부인 교회의 신비로운 연합에 비하면 다른 모든 결혼은 그림자에 불과하다. 따라서 우리가 남녀 사이의 결혼보다 믿는 남편과 아내만이 아니라 과부와 홀아비, 이혼 남녀, 미혼 남녀까지 다 아우르는 이 궁극적인 결혼으로 초점을 옮기면 어떨까? 성경에 따르면 결혼했든 안 했든, 성적 성향과 상관없이 모두가 예수님을 믿는 순간 그분의 신부가 된다. 우리는 그분의 신부이고 그분은 우리의 신랑이시다.

마지막으로, 먼저 우리가 '교회 안에서' 가정의 회복을 위해 노력하면 어떨까? 먼저 교회 안에서 수위에 상관없이 포르노를 즐기던 모든 습관을 회개하고, 다른 인간을 성적 대상화하는 생각과 공상을 사로잡고, 성경적인 근거가 없는 이혼을 줄이고, 사랑과 대화, 친밀함, 순결, 용서, 하나님 일을 위한 협력이 가득한 가정을 세워 나가면 어떨까?

먼저 우리 스스로 이런 반문화적인 공동체를 이루지 않으면, 우리 안에 있는 그리스도의 빛을 보여 주지 않으면, '저 밖에서' 아무리 성경적인 결혼과 순결을 외쳐 봐야 공허한 메아리일 뿐이다.

: **저자의 생각 읽기**

하나님은 성을 창조하셨기 때문에 성에 찬성하신다. 사람들이 성경에서 금하는 성 행위를 하더라도 누구라도 혼자가 되는 것은 좋지 않으므로 그리스도인은 그들의 외로움을 덜어 주기 위해 노력해야 한다.

: **성경의 생각 읽기**　　창 2:20-25; 고전 5:1-13

밖에 있는 사람들을 판단하는 것이야 내게 무슨 상관이 있으리요마는 교회 안에 있는 사람들이야 너희가 판단하지 아니하랴 밖에 있는 사람들은 하나님이 심판하시려니와(고전 5:12-13).

: **당신의 생각 읽기**

1. 지금까지 기독교가 성에 관해 세상과 대화해 온 방식이 옳다고 생각하는가, 그렇지 않다고 생각하는가?

2. 왜 예수님이 교회 밖 사람들의 잘못된 성 윤리와 행위를 정죄하시지 않았다고 생각하는가?

3. 성경에서 결혼하지 말고 성적 순결을 지키라고 말한 사람에 대해서 교회가 어떻게 외로움의 짐을 덜어 줄 수 있을까?

역기능 가정의 사람

10

가족에게 기대하고 목맬수록 외로웠다

처음부터 성경은 가족을 하나님의 선물로 묘사한다. 하나님이 하와를 창조해서 선물로 주시자 아담은 "내 뼈 중의 뼈요 살 중의 살이라"(창 2:23)라는 시로 기쁨을 표현했다. 금단의 열매를 먹은 반역의 행위와 그에 따른 저주로 모든 관계가 망가진 후에도 여전히 가족은 사회와 인류를 번성시키기 위한 하나님 계획의 중심에 있다. 사람이 혼자 있는 것은 좋지 않다(창 2:18 참조). 태초에도 그랬고 지금도 그렇다. 시인 존 던은 "누구도 섬이 아니다"라는 유명한 말을 남겼다.[1]

세 분이자 한 분이신 삼위일체 하나님의 형상을 따라 우리는 관계적 존재로 지음받았다. 그래서 다른 사람과 연결되지 않으면 외로움과 슬픔 속에서 시들어 버린다. 하나님은 이런 보편적인 인간 욕구를 충족시키기 위한 주된 방법으로 가족을 창조하셨다.

하나님은 우리와 관계 맺기를 얼마나 원하시는지 알리기 위해 주로 가족의 비유를 사용하신다. 예를 들어, 결혼은 그리스도와 교회의 관계를 보여 주는 그림이다. 자녀들은 하나님이 주신 유산이며 하나님 나라를 보여 주는 그림이다. 부모들은 자녀를 먹이고 키우고 가르치며, 그것만으로도 공경받아야 마땅하다. 하나님은 우리 아버지시며 우리는 그분의 자녀다. 하나님은 병아리들을 보호하는 어미닭처럼 우리를 눈동자처럼 보호하신다. 예수님은 하나님이신 동시에 우리를 위해 목숨을 내어놓고 우리를 부끄러워하시지 않는 큰형이시다(시 127:3; 마 19:14; 엡 6:2-3; 마 6:9; 눅 13:34; 히 2:10-11 참조).

하지만 가족은 깊은 상처의 원인이기도 하다. 그래서 심리치료사들은 환자에게 가족에 관해 묻는다. 그것은 고통과 상실, 분노, 소외, 의존성 같은 역기능이 어린 시절 가정에서 시작되는 경우가 많기 때문이다. 이 문제를 다루지 않으면 분노가 계속 곪아 간다.

미국에서 성탄절마다 방영되는 영화 〈크리스마스 대소동〉에서 주인공 클라크는 휴일에 말썽꾸러기 사촌 에디가 연락도 없이 찾아오자 잔뜩 긴장한다. 한 장면에선 클라크가 사랑스럽지만 사고뭉치인 사촌에게 뼈 있는 농담을 한다. "에디, 우유를 더 줄까? 먹을

걸 좀 줄까? 그러고 나서 먼 곳으로 쫓아내 죽게 놔둘까?"²

이 대사가 우리에게 왜 웃음을 주는가? 가족 안의 문제와 그 문제의 원인 제공자에게서 벗어나고 싶은 우리 모두의 심정을 잘 대변해 주기 때문이다.

예수님 가정에도 역기능이 있었다

심지어 예수님의 가정에도 역기능이 있었다. 많은 무리가 예수님의 가르침에 끌렸으나, 정작 가족들은 그분이 미쳤다는 소문을 듣고 집으로 끌고 가려고 찾아 나섰다. 한번은 예수님이 가르치시는데 누군가가 찾아와 그분의 어머니와 형제들이 그분을 찾고 있다고 전했다. 그때 예수님은 이렇게 대답하셨다. "누가 내 어머니이며 내 동생들이냐"(마 12:48). 또한 예수님은 제자들에게 다음과 같이 말씀하셨다.

> 내가 세상에 화평을 주려고 온 줄로 아느냐 내가 너희에게 이르노니 아니라 도리어 분쟁하게 하려 함이로라 이후부터 한 집에 다섯 사람이 있어 분쟁하되 셋이 둘과, 둘이 셋과 하리니 아버지가 아들과, 아들이 아버지와, 어머니가 딸과,

> 딸이 어머니와, 시어머니가 며느리와, 며느리가 시어머니와 분쟁하리라(눅 12:51-53).

예수님이 가족 제도에 반대하시는 걸까? 아니다. 예수님은 우리가 가족에게서 멀어지는 게 아니라 오히려 그분의 사랑을 품고 아버지와 어머니, 아들과 딸, 형제자매, 사위와 며느리에게 다가가기를 원하신다(눅 4:38-40 참조). 다만 예수님은 혈연 가족이 하나님 가족의 믿음과 사명, 윤리에서 벗어나면 분쟁과 갈등이 일어난다는 말씀을 하신 것이다. 하지만 예수님은 분열된 가족을 회복시키기 위해 그분의 제자 가운데서, 제자들을 통해서 역사하고자 하신다. 예수님이 가족을 대하신 모습에서 이 점을 엿볼 수 있다. 가족들이 예수님이 미쳤다는 소문을 듣고 예수님을 단속하러 왔어도(막 3:20-21 참조) 예수님은 그들을 거부하기는커녕 오히려 더 가까이 다가가셨다. 십자가에서 생명이 다해갈 때도 예수님은 어머니 마리아를 믿을 만한 제자인 요한에게 맡기셨다(요 19:25-29 참조). 예수님의 형제 야고보는 나중에 예루살렘 교회의 목사이자 신약 서간문의 저자가 됐다(행 15:13; 약 1-5장 참조).

'누가 내 어머니이며 내 동생들이냐?' 예수님의 이 말씀은 가족의 기분을 상하게 만들었을 것이다. 당시 사람들에게 가족은 전부나 다름없었다. 특히, 예수님처럼 장남에게 가족은 최우선사항이었다. 장남은 가족을 지키고 가문의 명예를 지키며 가문을 이어갈 책임이 있었다. 하지만 예수님이 어머니와 형제에게 냉정하게 말씀하신 것을 보면 심지어 그분처럼 완벽한 아들에게도 가족은 완벽한 제도가 아니라는 점을 보여 준다. "누구나 고통과, 나름의 역기능 경험을 갖고 있다." 마리엘 헤밍웨이의 말은 예수님께도 적용된다.

가족의 역기능은 여러 가지 형태를 띤다. 예수님 가족의 역기능 중 하나는 예수님을 창피하게 여긴 것이었다. 가족 입장에서는 랍비 교육도 받지 않은 예수님이 부랑자처럼 떠돌며 자신이 우주의 유일한 희망이요 하나님과 화목할 유일한 길이라고 떠들고 다니는 게 동네 창피한 일이었다(요 14:6 참조). 게다가 예수님은 유대 사회의 기둥이라고 할 수 있는 종교 지도자에게 맞섰고, 창녀와 세리가 그들보다 더 빨리 하나님 나라에 들어갈 것이라고 주장했다(마 21:31 참조).

당신의 형제, 나아가 자녀가 이렇게 행동하고 다닌다면 얼마나 창피할지 상상해 보라. 가족의 행동에서 안정감과 자존감, 정체성을 찾는다면 골치 아플 수밖에 없다. 따라서 가족을 향한 근심이나 분노가 치솟는다면 먼저 자기 마음을 돌아봐야 한다.

육신의 가족을
구원자로 삼지 말 것

/

당신은 무엇에서 정체성과 행복과 자존감을 얻는가? 가족에게 얻고 있다면 그로 인해 서로 힘들어질 수 있다. 나는 행복한 가정뿐 아니라 걷잡을 수 없이 파멸로 치닫는 가정도 많이 봤다. 목회를 하다 보면 부부의 삶에서 가장 기쁜 순간과 가장 슬픈 순간을 맨 앞자리에서 지켜보게 된다.

병든 가정 안에서는 사랑이 식어 적대감으로 변하고 결국 넘을 수 없는 벽이 생긴다. 병든 가정 안에서는 배우자가 모르고 저지른 실수를 고의적인 잘못으로, 깜박 잊은 것을 원래 부주의한 것으로, 피곤을 게으름으로, 합당한 지적을 분노로, 건설적인 비판을 가혹한 거부로, 사과를 속임수로, 용서를 생색으로 매도한다.

이렇게 상대방을 좋게 봐주지 않고 동기를 의심하고, 남편과 아내가 매일같이 서로에게 으르렁거리고, 겸손한 사과와 은혜와 용서가 사라지면, 그것은 더 깊은 차원에서 병들어 있다는 신호다. 대개 그것은 둘 중 한 사람 혹은 둘 다 상대방을 구원자요 진북(true north)으로 여길 때 나타나는 증상이다. 상대방을 행복과 만족, 의미의 궁극적인 '근원'으로 보면 반드시 문제가 발생한다.

예로부터 수많은 사람이 경험했듯이 결혼을 궁극적인 '해답'으로 여기면 오히려 혼자 살 때보다 더 외로워진다. 망가진 죄인이 다른 망가진 죄인에게 구원자가 되어 달라고 요구하면 실망할 수밖에 없다. 예수님만이 신부의 기대를 절대 저버리시지 않는다. 예수님만이 우리를 온전히 알고도 온전히 사랑하실 수 있다. 오직 예수님만이 우리를 철저히 드러내고도 거부하시지 않는다.

자녀가 애정 결핍증에 걸린 부모 밑에서 자랄 때도 안타까운 상황이 벌어진다. 사랑이 아니라 집착으로 양육하면 자녀는 숨이 막힐 수밖에 없다. 자녀의 사랑을 잃을까 봐 걱정하는 부모는 자녀를 통제하려고 한다. 그러다 자녀가 통제를 거부하면 가혹한 말로 꾸짖고 급기야 손까지 댄다.

한 상담 전문가에게서 부모가 자녀를 학대하는 것이 대개 자녀를 덜 사랑해서가 아니라 너무 사랑해서라는 말을 들은 적이 있다. '사랑'이라는 명목으로 자녀에게 특정한 생각이나 믿음, 행동을 강요하는 부모가 많다. 하지만 자녀는 실수할 수밖에 없고, 그럴 때 그런 부모는 무조건적인 사랑과 보호가 아닌 분노의 매를 든다.

그야말로 탯줄의 흐름이 뒤바뀐 꼴이다. 부모가 자녀에게 생명의 근원이 되어 줄 것을 요구하니 말이다. 부모가 자녀에게서 감정적인 영양분, 정체성, 구원을 기대하는 것은 철저히 앞뒤가 바뀐 처사다. 이런 상황은 언제나 슬픔과 소외, 상실로 이어진다. 부부 관계와 마찬가지로, 오직 하나님만이 주실 수 있는 것을 자녀에게 요구해서는 안 된다.

하지만 역기능 가정에서 고통받는 사람이나 역기능을 일으킨 사람에게 좋은 소식이 있다. 그것은 바로 하나님이 주시는 은혜가 있다는 것이다. 하나님의 자비는 날마다 새롭다. 우리의 참된 아버지요 형제요 남편이요 구원자가 되어 주시겠다는 하나님의 약속은 언제나 변함이 없다.

나아가, 우리가 사람에게 실망할 때 하나님은 스스로도 겪어서 아신다는 말씀으로 위로해 주신다. 심지어 부모가 은혜와 사랑으로 양육해도 자녀가 반항하거나 완전히 엇나갈 수도 있다. 그럴 때 우리에게는 속상한 마음을 이해해 주시는 하나님이 계신다. 하나님은 좀처럼 고마워할 줄도 모르고 사랑받을 줄도 모르는 자녀들의 완벽한 아버지시다.

아버지나 어머니 혹은 두 분 다에게 상처를 받았는가? 하나님도 그 아픔을 이해하신다. 예수님은 완벽한 분이셨지만 가족들조차 예수님의 미쳤다는 소문에 휘둘려 예수님을 오해했다. 심지어 그분은 탕자와 같은 우리가 버림받지 않고 믿음으로 그분과 연합할 수 있도록 하늘 아버지께 버림을 받으셨다.

결혼하겠다는 꿈이 이루어지지 않아 슬픈가? 결혼은 했지만 냉랭한 부부 관계로 외롭기 짝이 없는가? 그렇다면 예수님을 생각하라. 예수님은 혼자 사셨고 홀로 죽음을 맞으셨다. 또한 예수님은 수시로 간통을 저지르고 냉랭하고 자격 없는 신부를 절대 버리시지 않는 사랑 많고 신실하며 완벽한 남편이시다.

가족으로 인해 어떤 문제가 발생해도 우리에게는 스스로 모든 시험을 당하셨기에 우리 약함을 공감하실 수 있는 아버지요 형이요 남편이요 구주이신 분이 계신다. 물론 그분은 그 모든 시험 가운데서도 죄나 배신, 부정, 가혹함, 냉랭한 외면을 비롯한 그 어떤 역기능에도 빠지지 않으셨다(히 4:15 참조).

서로 가족이 되어 주는 공동체

/

예수님은 우리에게 자신을 내어 주셨을 뿐 아니라 교회를 통해 가족까지 주셨다. 즉 예수님은 모든 것을 버리고 그분을 따른 제자들에게 다음과 같이 말씀하셨다.

> 내가 진실로 너희에게 이르노니 나와 복음을 위하여 집이나 형제나 자매나 어머니나 아버지나 자식이나 전토를 버린 자는 현세에 있어 집과 형제와 자매와 어머니와 자식과 전토를 백배나 받되 박해를 겸하여 받고 내세에 영생을 받지 못할 자가 없느니라(막 10:29-30).

무슨 말인지 알겠는가? 누가 당신의 아버지요 어머니이며 형제요 자매인가? 육신의 가족이 난파하더라도 예수님을 따르면 닻처럼 우리를 단단히 붙잡아 줄 또 다른 가족을 얻는다. 당신처럼 믿음으로 그리스도와 연합한 수많은 아버지와 어머니, 형제자매가 생긴다. 교회는 하나님의 구속받은 사회다. 교회는 한 주인, 하나의 믿음, 하나의 세례, 한 분이신 만인의 하나님이요 아버지로 인해 연합한 새 가족이다(엡 4:4-6 참조).

이 새 가족은 기존 가족에게 상처 입은 사람에게 구명밧줄이 되어 준다. 또한 교회는 우리가 상처를 주는 가족에게 은혜와 용서, 소망의 마음으로 다가갈 수 있도록 관계적, 영적, 감정적 자원을 제공할 수 있다. 나아가 교회는 우리가 가혹한 말과 행동을 일삼는 가족에게 단호하게 대처하거나 필요할 경우는 잠시 가족과 떨어져 지내도록 지혜와 도움을 제공할 수 있다.

이상적인 교회는 모든 차이를 초월해서 서로 돕고 단결하는 교회다. 시끄럽고 혈기왕성한 베드로. 부드럽고 사색을 즐기는 요한. 두 사람은 이렇게 달랐지만 예수님이라는 공통분모를 통해 서로 뗄 수 없는 형제가 됐다. 과격한 반정부주의자였던 시몬과 정부에 고용된 세리였던 마태도 예수님을 통해 적에서 친구로 변했다. 다윗과 요나단은 엄청난 신분 차이에도 불구하고 같은 믿음으로 둘도 없는 친구가 됐다. 이들은 신학자 도널드 카슨이 말한 하나님 가족의 몇 가지 사례에 불과하다.

> 교회는 자연스러운 '친구들'로 이루어져 있지 않다. ……
> 우리를 하나로 묶어 주는 것은 같은 교육이나 같은 인종, 같은 소득 수준, 같은 정치 성향, 같은 국적, 같은 억양, 같은 직업이 아니다. 그리스도인은 자연적인 공통점이 아니라 모두 예수 그리스도를 통해 구원받았기 때문에 그분께 충성해야 한다는 사실로 하나가 된다. 같은 대상을 향한 충성으로, 그리고 모두가 그분께 사랑을 받았다는 사실로 인해, 그리스도인은

그분의 명령대로 서로를 사랑한다. 그렇게 원래대로라면 원수가 될 사람들이 그리스도를 위해 서로를 사랑하는 하나의 공동체가 된다.[3]

예수님을 사랑한다는 공통점, 아니 예수님께 깊이 사랑받고 있다는 공통점으로 교회는 인류 역사상 가장 포용적인 공동체가 됐다. 랍비들이 "하나님, 제가 여성이나 노예나 이방인이 아니어서 감사합니다"라고 공개적으로 기도했던 1세기 예루살렘에서 이것은 보통 파격적인 특징이 아니었다. 유대인이 사회를 지배하고 나머지 모두의 역할은 그저 그들을 떠받드는 것이었던 세상. 예수님은 그 세상에 오셔서 만인이 똑같이 존엄하고 가치 있다는 진리를 회복시키셨다.

그 뒤에는 성령이 빌립보의 첫 신자 세 명 중 두 명을 여성(자신의 집을 집회 장소로 내어 준 루디아와 노예 소녀)으로, 한 명을 이방인 간수로 정하심으로써 랍비의 기도를 무색하게 하셨다(행 16:11-40 참조). 또한 성령은 한때 이방인을 멸시하고 그리스도인을 핍박하던 사도 바울을 '이방인의 사도'로 변화시키고 하나님의 구속받은 가족인 교회에 관해 글을 쓰게 하셨다.

> 너희는 유대인이나 헬라인이나 종이나 자유인이나 남자나 여자나 다 그리스도 예수 안에서 하나이니라(갈 3:28).

하나님은 우리가 교회 밖에서 경험한 역기능과 슬픔을 치유할 수 있도록 교회라는 새 가족을 주셨다. 배우자의 사랑이나 부모의 지원, 자녀의 공경을 원래 가족 안에서 경험하지 못했다 해도 하나님의 가족 안에서 경험할 수 있다.

물론 육신의 가족과 마찬가지로 예수님이 돌아오실 때까지는 교회 안에도 역기능이 존재한다는 사실을 인정해야만 한다. 하지만 예수님이 우리 안에서 시작하신 일을 완성하실 것이다. 그분이 우리를 만들어 가신다. 미래에 부활과 새로운 삶이 우리를 기다린다. 그래서 우리는 자신과 남들을 비판이 아닌 희망으로 바라볼 수 있다. 우리는 언젠가 완성될 것이라는 확신 속에서 살아갈 수 있다. 우리는 거울 속에 있는 애벌레와 우리 앞에 서 있는 애벌레들을 보며 나비를 상상할 수 있다. 예수님이 곧 돌아오셔서 그분의 가족인 교회를 흠 없이 빛나는 신부로 맞이하실 것이다.

따라서 교회가 가족을 찾는 사람들이 '가장 먼저' 찾아오는 곳이 되어야 하지 않을까? 교회가 결혼하지 않은 사람은 있어도 '혼자인 사람'은 없는 곳이 되어야 하지 않을까? 교회 안에서는 결혼하지 않은 사람도 서로에게 가족이 되고 다른 사람에게도 아버지요 어머니이며 형제자매요 아들과 딸이 될 수 있어야 하지 않을까? 교회는 어느 부모도 자녀 양육의 책임을 홀로 짊어지지 않고 모든 자녀가 '수많은' 아버지와 어머니, 할아버지와 할머니, 이모와 삼촌, 형과 동생을 얻는 곳이어야 하지 않을까? 교회는 외로운 사람이 가족을 찾는 곳이어야 하지 않을까? 혼자 있는 것은 좋지 않으니 교회가 세상의 모든 외톨이에게 해방구가 되어야 하지 않을까? 바로 이것이 하나님이 원하시는 교회의 모습이다.

나아가, 교회가 닻과 같은 가족을 추구하면 육신의 가족도 화목해질 수 있다. 왜냐하면 교회에서는 하나님이 우리를 보호하고 필요한 것을 공급해 주시는 아버지이신 동시에 우리를 보호의 날개 아래로 모으는 어미닭과도 같다고 가르치기 때문이다. 교회에서는 예수님이 우리를 부끄러워하지 않는 큰형이요 우리를 끊임없이 용서하고 도와주고 붙잡아 주고 우리를 위해 목숨까지 내어놓으신 남편이라고 가르치기 때문이다.

교회에서는 성령이 위로자요 상담자이며 인도자라고 가르친다. 이런 식으로 성부와 성자와 성령을 알아 갈수록 육신의 가족을 보호하고 부양하고 돌보며 축복하게 된다. 또 용서하고 붙잡아 주며 위로하고 인도한다. 심지어는 육신의 가족을 위해 목숨까지 내어놓을 수 있게 되는 것이다.

교회 안에서 우리는 말썽꾸러기 사촌 에디를 먼 곳으로 쫓아내려는 마음을 버리고 오히려 사랑하는 마음을 얻을 수 있다.

육신의 가족을 구원자로 삼지 마라. 대신, 진정한 구원자이신 예수님과 그분의 가족 안에 닻을 내리라. 그럴 때 육신의 가족과도 관계가 좋아질 것이다.

⋮ 저자의 생각 읽기

예수님과 그분의 가족인 교회를 우선시하면 다른 모든 가족의 상황은 저절로 좋아진다.

⋮ 성경의 생각 읽기   마 12:46-50; 엡 5:21-6:4

이 비밀이 크도다 나는 그리스도와 교회에 대하여 말하노라(엡 5:32).

⋮ 당신의 생각 읽기

1. 심리치료사가 환자의 가족 상황에 주목하는 이유는 무엇일까?

2. 왜 가족은 우리에게 좋든 나쁘든 막대한 영향을 미치는 걸까?

3. 예수님과 교회를 우선시하면 육신의 가족과의 관계도 좋아진다는 말에 동의하는가, 동의하지 않는가? 이와 관련해서 당신의 경험을 말해 보라.

어린아이

11

기성세대가 정한 대본대로 움직이지 않는다

신학교에 다닐 때 한 교회에서 전도사 자리를 제안받았다. 그 교회 목사님은 내게 어떤 사역 분야에 관심이 있는지 물었다. 그때 나는 설교, 제자 훈련, 중고등부, 선교, 예배, 심지어 목사님 구두를 닦고 심부름하는 것까지 뭐든 열심히 하겠다고 대답했다. 하지만 딱 하나, 유년 주일학교 사역만큼은 하기 싫다고 못을 박았다. 나라면 그런 사람은 채용하지 않았을 것이다. 하지만 그 목사님은 꽤 마음씨 좋은 분이었다.

이틀 뒤 사역 기간을 조율하기 위해 목사님을 다시 만났다. 그

때 목사님 입에서 나온 첫마디는 이것이었다. "솔즈 전도사에게 유년 주일학교 사역을 맡기기로 했습니다."

그날 나는 좋지 않은 기분으로 교회를 나왔다. 하지만 그곳에서 2년간 사역하고 나서는 잘못은 그 목사님이 아니라 내가 했다는 사실을 깨달았다. 나야말로 예수님의 말씀을 당당히 무시했다.

> 사람들이 예수께서 만져 주심을 바라고 자기 어린 아기를 데리고 오매 제자들이 보고 꾸짖거늘 예수께서 그 어린아이들을 불러 가까이 하시고 이르시되 어린아이들이 내게 오는 것을 용납하고 금하지 말라 하나님의 나라가 이런 자의 것이니라(눅 18:15-16).

C. S. 루이스는 이런 말을 했다. "나는 어린아이들과 함께 있는 게 싫다. …… 이것은 내 문제다."[1] 어린아이를 좋아하지 않는 게 그 아이들의 문제가 아니라 우리 문제라는 사실을 아는가? 몰랐다면 지금이라도 깨닫기를 바란다. 어린아이는 하나님 나라의 삶이 어떤 삶인지를 누구보다도 잘 보여 준다.

내가 정한 대본을
뒤흔들다

　좋든 싫든 어린아이들은 항상 본모습대로 살아간다. 어떤 상황에서든 조금도 자신을 감출 줄 모른다. 혼자 있을 때나 남들 앞에서나, 교회에서나 식당에서나, 잠잘 때나 밥 먹을 때나, 꾸밈없이 솔직하다. 그래서 아이의 기분이나 생각은 읽기가 정말 쉽다. 물론 아이들은 우리를 몹시 힘들게 만들 때도 많다. 수시로 배고프다고 떼를 쓰고 심술을 부린다. 최악의 장소에서 최악의 순간에 화장실을 가고 싶다고 하면 정말이지 한 대 쥐어박고 싶다.

　그래도 아이들은 정말로 아름다운 인간 본연의 모습을 보여 줄 때가 더 많다. 내 친구 게이브 라이온스가 자기 아들 케이드에 관해서 쓴 글을 보라. 이 글은 전반적으로 모든 아이에게 적용된다. 그래서 케이드란 이름 대신 "아이들"을 집어넣었다.

> 아이들은 사회에 색다른 종류의 위협이 된다. 그러니까 '완벽'에 대한 우리의 동경이 잘못된 것이라는 사실을 생생하게 일깨워 준다. 예를 들어, 모든 사람에게 인사를 한다든지 …… 휠체어에 갇힌 외롭고 집 없는 사람을 친절하게 대하고 거리낌 없이 안아 주는 능력을 발휘한다. 아이들은 무엇이 정상인지에 대한 기존의 관념을 뒤엎는다. …… 공익은

우리에게 노인과 장애인, 태중의 아이, 우리와 다른 사람을 존중할 것을 요구한다. …… 우리는 정해진 대본을 따르지 않는 삶을 허용해야 한다. 편리한 것보다 좋은 것을 선택할 용기가 있어야 한다. …… 새로운 종류의 완벽에 마음의 문을 열려는가? 당신의 현재 삶을 뒤흔들지만 상상했던 것보다 더 깊은 의미를 더해 줄 수 있는 새로운 완벽 …… 아이들은 좋은 삶에 대한 새로운 관점을 제시한다. …… 아이들은 우리에게 그냥 지나치지 말고 참여해야 한다는 점을 가르쳐 준다. 아이들은 단순한 칭찬 외에는 아무것도 바라지 않고 무조건 사랑한다. 아이들은 소소한 것에서 즐거워하고, 어른을 괴롭히는 스트레스에 영향을 받지 않는다. 아이들은 진정한 삶이 무엇인지를 웬만한 어른보다 더 깊이 이해하는 듯하다. 아이들은 우리에게 모든 사람은 동등하게 창조된 존재이며 진정으로 소중히 여겨야 한다는 점을 가르쳐 준다. …… 아이들은 우리를 상상도 못했던 모습으로 변화시킨다. 아이들은 우리로 하여금 생산성보다 사랑과 친절을 중시하게 해 준다. 아이들은 가장 중요한 것에 대한 우리의 기존 관념을 깨뜨리고 하나님의 은혜를 엿보여 준다.[2]

이것이 아이들이 우리를 그토록 두렵게 하는 이유가 아닐까 싶다. 아이들은 마치 하나님처럼 우리 안에 혼란과 평안을 동시에 일으킨다. 하지만 덕분에 우리는 내면 깊은 곳에서 알고 있는 진리로 돌아갈 수 있다. 그 진리는 바로 하나님 나라에서는 순진함이 닳고 닳음을 이기고, 관계가 일의 성과보다 중요하며, 가장 작은 자가 가장 큰 자라는 것이다. 요컨대, 아이들이 우리에게 보여 주고 요구하는 사랑이 손해와 불편처럼 보이지만, 그것은 손해와 불편이 아니다. 오히려 그것은 우리에게 진정한 삶이 무엇인지 보여 주기 위한 하나님의 도구다.

라이온스의 말처럼 아이들은 삶이 특정한 방식으로 펼쳐져야만 한다는 "정해진 대본"을 뒤흔든다. 하지만 그럴 때 아이들은 우리 삶의 대본을 훨씬 더 좋은 것으로 바꿔 주는 하나님의 대리인이 된다. 아이들은 하나님 나라에서 가장 큰 자는 '이기는' 자, 뭐든 원하는 대로 얻고 원하는 대로 통제하는 자가 아니라는 사실을 다시금 기억하게 해 준다.

하나님 나라에서 가장 큰 사람은 사실상 세상에서도 가장 큰 사람이며, 그 사람은 바로 사랑하고 섬기는 사람이다. 아이들은 우리에게 선택을 촉구한다. 이기적인 길로 갈 것인가? 아이들을 따라 섬김의 길로 갈 것인가? 나와 함께 사랑과 섬김의 길로 가지 않겠는가?

'좋은 아버지'가 계심을
기억나게 해 주다

한번은 우리 부부 둘 다 심한 독감에 걸려 몸져누운 적이 있다. 한 주 내내 이불 속에서 나올 수 없을 만큼 지독한 독감이었다. 셋째 날, 딸아이 하나가 우리 방으로 들어왔다. 녀석은 제 엄마를 깨워 엄마 아빠가 독감에 걸려 '자기'가 힘들어 죽겠다고 투덜거렸다. 그러더니 앉아 있기도 힘들어하는 엄마에게 발을 내밀며 주물러 달라고 했다.

상황을 전혀 고려하지 않는 이 솔직함과 당당함, 솔직히 당황스럽지 않은가? 하지만 우리가 정말로 섬김의 자세를 갖췄는지 확인할 수 있는 가장 좋은 방법은 누군가가 우리를 종처럼 대할 때 우리 반응을 보는 것이다.

솔직한 모습을 통해 아이들은 우리를 꾸밈없는 삶으로 초대한다. 아이들은 우리를 울고 싶을 때 울고 스스럼없이 위로를 요구하는 삶으로 초대한다. 아이들은 가면 뒤에 숨지 않고 있는 모습 그대로 살아가도 괜찮다는 사실을 일깨워 준다. 우리는 항상 변함없는 사랑과 인정, 은혜의 눈으로 우리를 바라보시는 좋은 아버지의 임재 안에서 살고 있으니 조금도 거리낄 것이 없다.

이 선한 아버지는 절대 지치지 않으신다. 졸지도 않고 주무시지도 않는다. 우리의 하늘 아버지는 우리를 있는 모습 그대로 사랑하신다. 단, 여느 좋은 부모와 마찬가지로, 우리가 현재 상태에 안주하도록 놔두시지는 않는다. 아버지는 항상 우리 곁에 계시면서 우리가 언제나 변함없이 그분의 사랑스러운 자녀라는 사실을 끊임없이 상기시켜 주신다.

> 내 부모는 나를 버렸으나 여호와는 나를 영접하시리이다(시 27:10).

> 여인이 어찌 그 젖 먹는 자식을 잊겠으며 자기 태에서 난 아들을 긍휼히 여기지 않겠느냐 그들은 혹시 잊을지라도 나는 너를 잊지 아니할 것이라 내가 너를 내 손바닥에 새겼고(사 49:15-16).

많은 사람이 나이가 들수록 냉소적으로 변한다. 그리고 냉소적으로 변할수록 우리가 이런 식으로 사랑받는다는 사실을 잘 믿지 못한다. 우리가 항상 아버지의 돌보심과 위로 아래에 있고, 필요한 것이나 원하는 것이 있으면 언제라도 그분께 울부짖을 수 있다는 사실을 자꾸만 의심하게 된다.

우리가 잘못된 마음으로 울부짖어도 하나님은 그 울부짖음 이면에 울려 퍼지는 진정한 아우성을 들으신다. 제발 나를 봐 달라는 아우성, 나를 사랑해 달라는 아우성, 혼자가 아니라는 사실을 확인

시켜 달라는 아우성, 기억해 달라는 아우성.

> 여호와여 어느 때까지니이까 나를 영원히 잊으시나이까 ······
> 나는 오직 주의 사랑을 의지하였사오니 나의 마음은 주의
> 구원을 기뻐하리이다 내가 여호와를 찬송하리니 이는 주께서
> 내게 은덕을 베푸심이로다(시 13:1, 5-6).

아이들은 우리에게 마음 깊은 곳을 돌아볼 기회를 제공한다. 아이들은 참된 사랑을 방해하는 우리 안의 왜곡된 가치 체계를 뒤흔든다. 아이들은 진정한 삶을 기억하게 해 주는 하나님의 도구다.

"어린아이들이 내게 오는 것을 용납하고 금하지 말라." 예수님이 아이들을 안아 주신 것은 곧 우리에게도 그들을 품어 주라고 권유하시는, 아니 명령하시는 것이다. 그럴 때 아이들이 더 좋아할 것이다. 그리고 그로 인해 우리도 더 좋아질 것이다.

: **저자의 생각 읽기**

아이들만 우리 양육을 통해 자라는 게 아니라 우리도 아이들을 통해서 자라야 한다.

: **성경의 생각 읽기**   시 127:3-5; 눅 18:15-17

예수께서 그 어린아이들을 불러 가까이 하시고 이르시되 어린아이들이 내게 오는 것을 용납하고 금하지 말라 하나님의 나라가 이런 자의 것이니라(눅 18:16).

: **당신의 생각 읽기**

1. 아이들의 어떤 점이 가장 귀찮은가?

2. 아이들이나 우리의 '정해진 대본'을 망치는 사람을 피하면 하나님의 자녀로서 자랄 수 있는 어떤 기회를 놓치는 것일까?

3. 지금보다 아이들을 더 가까이 하기 위해 구체적으로 어떻게 해야 할까?

죽음을 앞둔 사람

12

현실보다 더 분명한
진실을 본다

이번 장을 쓰면서, 나는 계속 시계를 보고 있다. 4시에 부모님을 모시고 밴더빌트대학병원에 가야 하기 때문이다. 어머니의 노환이 심해지셔서 최고의 의료진에게 정밀검사와 진료를 받기로 했다. 어머니를 볼 때마다 모든 인간이 죽는다는 잔인한 현실이 새삼 다가온다. 이제는 거동조차 힘든 어머니를 보노라면 내 안에 슬픔과 분노가 가득해진다. 이 둘은 예수님도 익히 경험하셨던 감정이다. 어머니를 보며 눈물 흘릴 때마다 예수님이 친구 나사로의 죽음 앞에서 흘리셨던 눈물이 떠오른다. 어머니의 힘든 모습에 화가 날 때마다 죽음에 대한 예수님의 분노가 떠오른다. 죽음. 결국 우리 모두를 덮치는 에덴동산의 불청객.

부모님이 고통스러워하는 모습을 볼 때마다 마음이 너무 아프다. 그 순간만큼은 우리가 목을 매는 돈과 인기, 지위, 성공 등 일시적인 것이 무의미해진다. 대신, 사랑과 대화, 웃음, 눈 맞춤, 죽는 순간까지 잡은 손을 놓지 않는 것, 매 순간의 소중함처럼 정말로 중요한 것이 전에 없이 눈에 들어온다. 중요한 것 중에 눈물길도 빼놓을 수 없다. 눈물길은 지금도 울고 계시는 하나님이 우리를 위해 만들어 주신 슬픔의 분출구다. 눈물은 죽음, 애통, 슬픔처럼 비정상적인 것을 향한 부드러우면서도 강한 저항의 표현이다.

한편, 아버지를 보노라면 슬픔과 함께 깊은 감동이 밀려온다. 내가 아는 아버지는 평생 누구보다도 강하게 살아오신 분이다. 하지만 그 강함이 요즘에는 다른 형태를 띠고 있다. 최근까지도 내 앞에선 우는 모습을 한 번도 보이시지 않았던 아버지에게서 요즘 진정으로 존경스러운 모습이 보인다. 어머니 앞에서 흘리는 아버지의 눈물은 하나님의 성품을 다시금 떠올리게 만든다.

자신의 형상을 따라 우리 아버지를 창조하신 하나님은 이 세상의 망가진 것을 보며 눈물을 흘리시는 하나님이다. 그분은 슬픔이나 고통, 죽음을 즐기시지 않는 다정한 하나님이다. 그분은 우리에게 가까이 다가와 혼자가 아니니 걱정하지 말라고 위로하신다.

무엇보다도 그분은 궁극적이고 최종적인 죽음에서 우리를 구해 내기 위해 자진해서 죽음을 당하셨다. 또한 그분이 죽으신 것은 죽음과 슬픔을 겪어 본 분으로서 우리를 위로해 주시기 위함이었다. 죽음의 현실 앞에서 우리는 불멸의 하나님도 죽으셨다는 사실로 위로를 받는다. 사랑하는 사람의 죽음으로 슬퍼하는 가운데도 우리는 하나님도 그런 슬픔을 겪어서 아신다는 사실로 인해 위로를 받는다. 하나님도 아들을 묻은 아픈 기억을 갖고 계신다.

나는 아버지를 통해 이런 하나님을 본다. 아울러 아버지를 통해 어떤 사람이 진짜 남자인지를 새삼 깨닫고 있다. 아버지의 눈물은 약함이 아니라 강함의 표현이다. 솔직하게 눈물을 흘리고 그 눈물로 죽음의 현실을 인정하는 모습은 진정한 위대함의 증거다.

요즘 아버지는 어머니의 곁을 한시도 떠나지 않는다. 아버지는 하루 종일 어머니에게 신경을 집중하고 있다. 구닥다리 농담으로 어머니를 웃게 하고, 수시로 손을 잡는다. 그런 아버지를 볼 때마다 이런 생각이 든다. '나도 이런 남자, 이런 남편이 되고 싶다.'

아버지의 강함과 성공보다도 용감한 눈물을 볼 때 더 나은 사람으로 성장해야겠다는 마음이 커진다.

내 장례식에
모시고 싶은 목사

/

우리 교회에서 사역하는 데이비드 필슨 목사는 실로 아름다운 사람이다. 무엇보다도 죽음을 앞둔 사람과 동행하는 모습이 너무도 아름답다. 필슨은 슬픔과 죽음을 피하거나 거기로부터 도망치지 않는다. 오히려 그런 불청객을 '향해' 담대하게 걸어간다. 그는 사람들이 고난을 당할 때 누구보다도 먼저 찾아간다. "너는 우리를 어떻게 할 힘이 없다. 너는 쏘는 것을 잃어버렸다. 너는 결국 질 것이다. 죽음아, 빈 무덤으로 너를 정복하고 굴복시킨 분이 너를 결국 삼켜버리실 것이다"(고전 15:54-55 참조). 죽음을 향한 예수님의 이 선포에 얼마나 큰 능력이 있는지를 필슨만큼 잘 이해하는 사람은 별로 없다.

이것이 그에게 나보다 먼저 가지 말라고 신신당부한 이유다. 내 장례식장에서 그가 찬송을 부르고 시편을 읽어 줬으면 좋겠다. 내가 마지막 숨을 내쉰 뒤에 그가 우리 아내와 아이들의 눈을 똑바로 쳐다보며 죽음이 결국 질 것이고 부활이 오고 있으며 우리가 언젠가 서로, 예수님과 만나서 영원히 함께 살 것이라는 사실을 상기시켜 줬으면 좋겠다. 그가 내 장례식에서 영원한 소망의 메시지를 전했으면 좋겠다. 왜냐하면 장례식에서 필슨처럼 설교할 사람이 별로 없기에.

필슨은 어떻게 지금처럼 죽음에 맞서는 사람이 되었을까? 그것은 그 자신이 수없이 죽음을 마주했기 때문이다. 필슨의 아버지는 오랫동안 치매와 사투를 벌이다가 예수님의 품에 안겼다. 그의 어머니도 암에 잠시 굴복했다가 낙원으로 옮겨 갔다. 이와 같은 순간에 그 역시 하염없이 눈물을 흘린다. 하지만 눈물을 흘리는 가운데서도 그는 믿는 자에게는 눈물이 끝이 아니라는 사실을 기억하려고 애쓴다.

한 가지 영적 진리에서 그만큼 확신에 찬 사람은 보지 못했다. 그 진리는 바로 죽음, 애통, 통곡, 고통이 하나님의 자녀가 써 가는 이야기의 큰 줄거리를 바꿀 수 없다는 것이다. 예수님이 이 진리를 피로 보증하셨다. 죽음과 슬픔은 단순히 중간의 한 장일 뿐이다. 예수님이 이 땅에 오셔서 저주가 뻗친 곳까지 복으로 덮으실 때 이번 장은 완전히 끝날 것이다.

죽음과 싸울 때 예수님을 떠나서는 진정한 소망을 발견할 수 없다. 부활하신 예수님의 도움 없이, 슬픔 가운데서도 소망을 잃지 않게 해 주는 유일한 원동력인 믿음 없이, 죽음과 맞서 봐야 백전백패다. 하지만 예수님을 믿는 우리의 생명은 "그리스도와 함께 하나님 안에 감추어"(골 3:3) 있다. 그래서 우리에게는 절대 꺼지지 않는 불변의 소망이 있다.

그리스도가 돌아가셨다. 그리스도가 다시 살아나셨다. 그리스도가 다시 오실 것이다. 부활하신 예수님은 "이 말은 신실하고 참되니"(계 21:5)라고 말씀하셨다. 이 말씀이 참인 것은 예수님이 부활이요 생명이기 때문이다. 그분을 믿는 자는 죽어도 살 것이며 멸망하지 않을 것이다.

천국을 품은 사람들

나는 더없이 훌륭한 그리스도인의 마지막 순간을 함께하는 영광을 누렸다. 특히 빌리를 잊을 수 없다. 빌리는 불과 서른다섯의 나이에 말기 암 진단을 받았다. 나는 자상한 남편이자 두 아이의 아버지인 빌리가 폐에 병이 나서 몇 달 만에 몸이 크게 쇠약해지는 모습을 곁에서 지켜봤다. 그런데 빌리가 세상을 떠나기 얼마 전, 그를 심방했다가 도리어 내가 소망을 얻고 돌아왔다.

"목사님, 이번에는 목사님 얘기를 좀 해 보세요. 어떻게 지내세요? 뭐가 필요하세요? 무슨 기도를 해드릴까요?"

그날 아픈 빌리가 건강한 나를 위해 사랑과 소망, 생명이 가득한 기도를 해 줬다. 그러고 나서 곧바로 빌리는 내 눈앞에서 숨을 거두었다. 그 신성한 순간을 평생 잊지 못하리라. 그의 아내 섀넌을 비롯한 유족과 고인의 친구들은 그의 침대를 둘러싸고 〈오 신실하신 주〉와 〈내 평생에 가는 길〉을 찬송하며 그를 영원한 본향으로 떠나보냈다. 그렇게 그들은 눈앞의 죽음보다도 더 분명한 현실을 상상하며 죽음에 맞섰다. 그들은 그런 찬송으로 영광의 중한 것이 자신들을 기다린다는 사실을 다시금 떠올렸다. 최악의 고통조차 가볍고 일시적으로 보이게 만들 만큼 중요하고, 아름답고, 분명한 현실이 우리를 기다린다(고후 4:16-17 참조).

빌리가 마지막 숨을 내쉬고 나서 나는 대기실로 나가 섀넌이 나오기를 기다렸다. 섀넌이 나오면 젊은 미망인에게서 흔히 볼 수 있는 눈물과 분노, 의심 같은 반응을 보일 것이라 예상했다. 곧 치러야 할 장례식 절차와 두 아이를 홀로 키워야 하는 현실에 대한 스트레스가 얼굴에 가득할 것이라고 생각했다. 감정적인 롤러코스터는 사랑하는 이를 잃은 사람에게서 공통으로 나타나는 현상이다.

하지만 그날 섀넌은 오히려 내게 천국의 메시지를 전해 줬다. 슬픔에 찬 이 미망인의 입에서 나온 첫마디는 이것이었다. "목사님은 어떻게 지내세요? 목사님을 위해서 기도할게요. 기도 제목을 말씀해 주세요." 그날 내 차가 있는 곳으로 걸어가는 내내 그 부부가 내게 너무도 과분한 친구라는 생각이 들었다.

이번에는 존이 생각난다. 그의 몸은 루게릭병으로 불과 2년 만에 완전히 망가졌지만 그는 조금도 냉소적으로 변하지 않았다. 심지어 가장 힘든 순간에도 그는 오히려 남들보다 평온한 모습으로 기도하고 소망을 이야기했다. 그는 고통이라는 눈앞의 현실보다 주님이 약속해 주신 새로운 몸과 영생이라는 궁극적인 현실에 더 시선을 고정했다.

스티븐과 메리 베스 부부도 빼놓을 수 없다. 두 사람은 어린 딸 마리아를 먼저 떠나보내는 가슴 아픈 경험을 했다. 그 지독한 슬픔의 한복판에서도 전사이자 영웅과도 같은 두 사람은 용감한 자녀들과 함께 텔레비전에 출연해 죽음이 승리하지 못한다는 진리를 온 세상에 선포했다. 예수님이 부활하심으로 죽음을 이기셨기 때문에 마리아의 이야기에서 마지막 장은 아직 쓰이지 않았다. 스티븐은 마리아를 기린 곡에서 그 장을 노래했다. "아름다움이 이기리라! …… 아름다움이 이기리라! 그리고 우리는 폐허 한복판에서 춤을 추리라. 그분의 두 눈을 똑똑히 보게 되리라!"[1]

또한 스티븐 부부는 마리아를 기려서 장애를 가진 중국인 고아들을 돌보는 '마리아 큰 소망의 집'을 열었다. 이 아이들은 이 부부가 설립한 비영리 기관인 '쇼 호프'(Show Hope)를 통해 좋은 부부에게 입양될 것이다.

자녀를 두 명이나 먼저 보낸 데이비드와 낸시 부부도 소개하고 싶다. 이 부부의 자녀인 가브리엘과 호프는 희귀한 선천성 질환으로 갓난아기 때 세상을 떠났다. 몇 년이 지난 지금도 눈물은 마르지 않았고 슬픔은 여전하다. 하지만 스티븐 부부와 마찬가지로 데이비드 부부는 그 눈물을, 다른 이에게 소망을 전하는 사역의 원동력으로 승화시키고 있다. 매년 이 부부는 자신처럼 자녀를 잃은 부모를 위로하고 소망을 전하기 위한 집회를 후원하고 인도한다. 또한 낸시는 극심한 고통에 시달리는 사람들을 돕기 위해 여러 권의 책을 썼다. 덕분에 수많은 사람이 하나님의 주권적인 긍휼과 사랑이라는 피난처 안에서 고통을 이겨 낸다.

매일
마음 운동
/

슬픔과 죽음 앞에서 믿음과 용기와 이타심과 심지어 기쁨까지 보여 준 이런 사람들, 특히 그들 중에서도 마지막 날들을 나와 가까이 지낸 친구들을 생각하노라면 한 가지 공통점이 눈에 들어온다.

그들은 모두 성경을 평생 철저히 의지하며 살아왔다. 데이비드를 찌르면 분명 구약과 신약의 피가 흘러나올 것이다. 빌리와 존에게, 그렇게 힘든 순간에도 어떻게 다른 이를 먼저 생각하고 하늘에서 내려온 기쁨으로 가득할 수 있냐고 물었더니 둘 다 거의 매일 성경을 읽어 왔다고 대답했다. 그들은 성경의 약속을 마음에 새기며 힘든 날을 대비해 왔다. 데이비드 부부와 스티븐 부부를 비롯한 많은 사람이 사망의 골짜기에서도 성경의 약속에서 힘을 얻었다고 말한다.

보라 하나님의 장막이 사람들과 함께 있으매 하나님이 그들과 함께 계시리니 그들은 하나님의 백성이 되고 하나님은 친히 그들과 함께 계셔서 모든 눈물을 그 눈에서 닦아 주시니 다시는 사망이 없고 애통하는 것이나 곡하는 것이나 아픈 것이 다시 있지 아니하리니 처음 것들이 다 지나갔음이러라 …… 보라 내가 만물을 새롭게 하노라(계 21:3-5).

성경에 철저히 의지하는 사람들은 하루도 빠짐없이 훈련장에 나오는 올림픽 출전 역도선수와 같다. 누가 보든 보지 않든 상관없이 매일 훈련장에 나와 구슬땀을 흘리는 것은 결전의 날 역기를 들기 위함이다. 그날, 그들은 온 힘을 다해 역기를 들어 올린다. 온몸에서 땀을 흘리며 신음소리를 낸다. 과연 자신이 눈앞의 역기를 들어 올릴 수 있을까 하는 의심이 들기도 한다. 하지만 모든 것을 극복해 낸다. 결국 금메달을 따낸다.

그리스도인에게 매일의 운동은 바로 마음의 운동이다. 러닝머신과 역기 대신 그리스도인의 장비는 받아들일 줄 아는 마음, 하나님의 주권과 지혜, 선하심에 대한 믿음, 닳은 성경책이다. 마지막 장비는 하나님의 약속보다 의심과 두려움을 따르고 싶을 때마다 '들어 올려야' 하는 기도의 역기다. '주님, 믿습니다! 제 의심의 구름을 걷어 주십시오!'

하나님의 약속은 놀랍다. C. S. 루이스는 그분의 약속을 이렇게 정리했다. 예수님을 믿는 자에게는 천국이 "거꾸로 작용해서 그 고통조차도 영광으로 바꿔 놓는다."² 루이스의 절친한 친구 J. R. R. 톨킨은 내세에는 모든 슬픈 것이 끝난다는 표현을 썼다.³

카라 티피츠도 이 미래의 현실을 잘 알고 뼛속 깊이 믿었던 사람이다. 제이슨 목사의 아내이며 네 아이의 엄마인 카라는 30대 후반의 젊은 나이에 유방암으로 세상을 떠났다. 그녀는 죽음이 임박했음을 느끼고, 영광스러운 새 삶의 시작이기도 한 이생의 끝에 관해 글을 썼다.

> 내 작은 몸이 싸움에 지쳤다. 더는 치료가 소용없다. 하지만 내게는 예수님이 있다. 예수님은 여전히 내게 호흡을 주고 계신다. 잘살고 잘 떠나기를 원한다. 남은 삶 동안 나는 사는 동시에 죽어 간다. 내 사람들을 가까이 불러 입 맞추고 부드러운 사랑의 말을 해 주고 싶다. 내 소망과 두려움을 모두 기도로 주님 앞에 내려놓을 것이다. …… 천국을 바라보며 웃고 울고 감탄할 것이다. 이 여행을 할 용기가 나지 않지만 내게는 예수님이 계신다. 그분이 내게 용기를 주실 것이다. 그분은 내게 감사할 거리를 정말 많이 주셨다. 그분의 사랑에 대한 그 감사, 그 감탄이 우리 모두를 덮을 것이다. 그리고 그것이 불가사의한 방법으로 우리를 이끌 것이다.⁴

저자의 생각 읽기

죽음, 애통, 고통은 힘든 현실이다. 하지만 성경은 미래의 치유와 현재의 위로에 관한 소망의 약속을 전해 준다. 슬퍼하고 죽어 가는 동안 하나님의 진리에 의지하는 사람에게 가까이 다가가면, 그들에게는 격려가 되고 우리에게는 삶이 풍성해지는 유익이 있다.

성경의 생각 읽기   요 11:17-44; 계 21:1-7

나는 부활이요 생명이니 나를 믿는 자는 죽어도 살겠고(요 11:25).

당신의 생각 읽기

1. 고통이나 슬픔 혹은 사랑하는 사람의 죽음을 경험해 봤는가?

2. 당신이나 당신이 사랑하는 사람이 죽는 날이 필연적으로 올 것이다. 그날을 위해 마음의 준비를 하고 있는가?

3. 질병과 슬픔, 고통, 죽음을 성경의 시각으로 바라보고 있는가?

경제적으로 가난한 사람

13

도움은 필요하지만, 폄하는 아프다

몇 년 전 주일 오후, 마음을 크게 상하게 하는 메일을 한 통 받았다. 그날 오전에 나는 가난한 사람을 향한 연민이 성경적인 기독교에 꼭 필요하다는 설교를 했다. 그런데 그 이메일을 보낸 사람은 나를 "먹고 살기 위해 열심히 일하는" 사람들을 맥 빠지게 만드는 사회주의자요, 극단적인 좌파로 몰아세웠다. 또한 가난한 사람이 게을러서 가난하다는 사실을 내가 이해하지 못한다고 했다. 그들이 세금을 축내지 않고 열심히 공부해서 보통 사람처럼 직장에 들어가면 가난에서 벗어나고 세상이 더 좋은 곳이 된다는 것이었다.

그 이메일을 읽는데 분노가 솟구쳤다. 나는 그것이 좋은 분노였다고 절대 확신한다. 그 분노는 바로 예수님이 '지극히 작은 자'와 '약속하신 나라를 상속으로 받을 자'라고 부르신 자들의 안타까운 상황 때문에 느끼셨던 분노와 동일하다(마 25:40, 45; 약 2:5 참조).

가난한 자에게 무관심한 것은 좋게 말하면 무지한 것이고 나쁘게 말하면 가난한 자를 아끼셨던 예수님을 무시하는 교만함이다. 예수님의 연민에 끌리는 사람은 가난한 사람을 긍휼히 여기는 삶에 끌릴 수밖에 없다.

> [예수께서] 책을 펴서 이렇게 기록된 데를 찾으시니 곧 주의 성령이 내게 임하셨으니 이는 가난한 자에게 복음을 전하게 하시려고 내게 기름을 부으시고 나를 보내사 포로 된 자에게 자유를, 눈 먼 자에게 다시 보게 함을 전파하며 눌린 자를 자유롭게 하고 …… 예수께서 그들에게 말씀하시되 이 글이 오늘 너희 귀에 응하였느니라 하시니 …… 회당에 있는 자들이 이것을 듣고 다 크게 화가 나서(눅 4:17-28).

그들은 예수님께 이메일을 보내는 대신 그분을 벼랑 아래로 밀어 버릴 계획을 세웠다.

자발적인 부의 재분배

／

그 주일에 그 사람이 정확히 무슨 이유로 내게 이메일을 보냈는지는 잘 모르겠다. 아마도 가난한 사람 때문에 자신이 손해를 보고 있다는 생각에 화가 난 게 아닌가 싶다. 가난한 사람을 사랑하려면 힘들고 불편하고 희생이 따른다. 하지만 힘들고 불편하고 희생이 따르는 일이야말로 가장 가치 있는 일일 때가 많다. 예수님도 그렇게 생각하셨던 게 분명하다. 남들은 외면했지만 예수님께는 환영받은 사람이 누구였는지를 보면 알 수 있다. 예수님이 누구를 그분 나라의 상속자로 부르셨는지를 보면 말이다.

하나님은 구약의 선지자를 통해 진정한 믿음은 불의에 맞서 싸우고, 압제받는 자를 해방시키고 짐을 덜어 주며, 굶주린 자를 먹이고, 가난한 자에게 거처를 마련해 주며, 벌거벗은 자를 입힌다고 말씀하셨다. 모세는 우리 가운데 있는 가난한 사람에게 마지못해서가 아니라 기꺼이 나눠 줘야 한다고 말했다. 예수님의 형제인 야고보는 하나님이 인정하시는 참된 종교는 고통 중에 있는 과부와 고아를 돌보는 것이라고 말했다. 이사야는 한 걸음 더 나아가, 우리 모두가 가난한 사람에게 사랑의 빚을 졌으며 그들을 우리 혈육처럼 대해야 한다고 말한다. 다시 말해, 우리는 가난한 사람을 '가족'처럼 대해야 한다.

우리는 가족이 어려움에 처하면 가장 먼저 달려간다. 우리는 상처나 상실을 겪은 가족의 곁을 지킨다. 우리는 힘든 가족의 짐을 함께 짊어지기 위해 시간과 체력, 돈까지 모든 면에서 희생을 감수한다. 이웃을 가족처럼 사랑한다면 시간과 자원을 기꺼이 나눠 줘야 한다. '가진' 사람이 '가지지 못한' 사람에게 긍휼과 정의를 펼치는 예수님의 사명에 동참해야 한다. 빈손이 채워질 수 있도록 꽉 찬 손을 비워야 한다. 부와 힘, 특권, 기회의 재분배가 필요하다는 말이다. 단 억지로가 아닌 자발적인 재분배, 마음에서 우러나온 재분배여야 한다.

> 믿는 사람이 다 함께 있어 모든 물건을 서로 통용하고 재산과 소유를 팔아 각 사람의 필요를 따라 나눠 주며 …… 믿는 무리가 한마음과 한 뜻이 되어 모든 물건을 서로 통용하고 자기 재물을 조금이라도 자기 것이라 하는 이가 하나도 없더라 …… 그중에 가난한 사람이 없으니(행 2:44-45; 4:32-34).

폄하하고 싶은 유혹을 뿌리치라

모세가 이스라엘 백성에게 '싫은데 억지로'가 아니라 기꺼이 베풀라고 지시했다는 사실이 중요하다. 내가 그 주일 오후 가난한 사람을 비난하는 이메일을 받았을 때 느꼈던 안타까움을 그 옛날 모세도 느꼈다. 왜 가난한 사람을 싫어하는가? 왜 폄하하는가? 왜 정죄하는가? 무엇보다도 성경이 가난한 사람에게 그토록 연민과 동정이 가득한 입장을 취하고 있는데 왜?

주된 이유는 건망증이다. 빈손이든 돈방석에 앉아 있든 상관없이 모든 사람이 그리스도의 십자가 아래서 똑같이 낮아진다는 사실을 잊어버린 탓이다. 우리 모두는 거지이며 오직 예수님만 떡을 갖고 계신다. 예수님 자신이 떡이시기 때문이다.

무지와 교만의 조합도 중요한 이유 중 하나다. 가난하게 살아 보지 않은 사람은 가난한 사람의 사정을 모를 수 있다. 또한 자신이 누리는 특권과 힘, 부가 부모를 잘 만나서가 아니라 전적으로 자기 노력으로 얻은 것이라는 교만한 생각에 빠질 수 있다. 대부분의 특권층이 특권층 가정에서 태어났다는 사실을 간과하기 쉽다. 대부분의 빈민층이 빈민층 가정에서 태어났다는 사실도 간과하기 쉽다. 가난이 가난한 사람만의 잘못이라고 생각하는가? 그것은 다리가 하나뿐인 채로 태어난 사람에게 두 다리가 멀쩡하게 태어난 사람을 제대로 따라가지 못한다고 비난하는 것과 다름없다.

가난한 사람이 게으르다고 말하는 것은 한 가지 사실을 몰라서 하는 말이다. 대부분의 가난한 사람은 '시스템' 때문에 노력을 그만둔 사람들이다. 그들이 태어난 다리 하나짜리 불구 시스템. 그들에게 비상할 기회를 제공하지 않는, 아니 제공할 수 없는 시스템. 두 다리를 가진 사람에게만 최적화된 세상. 돈이나 부모가 없어 제대로 교육을 받지 못해서 결국 취직할 곳이 없다 보면 '포기'란 말이 떠오를 수밖에 없다. 가난하게 태어난 사람의 70퍼센트는 결국 중산층으로 도약하지 못한다. 가난한 집에서 태어난 아이들은 통계적으로 우리 집 아이들보다 대학에 들어갈 확률이 200배나 낮다. 그래서 많은 아이가 대학과 취직은 아예 꿈조차 꾸지 않는다. 물질적으로나 관계적으로나 이런 아이들의 목표는 그저 생존이다.

우리 집 아이들이 대학에 간다면, 그것은 아이의 노력 덕분이기도 하지만 우리가 그만큼 돈을 들여서 교육을 시켜 준 덕분이기도 하다. 이런 현실을 과소평가해서는 안 된다. 지금 우리의 위치는 우리가 태어날 때 받은 카드와 큰 관련이 있다. 에이스 네 장을 갖고 태어난 사람이 투페어를 갖고 태어난 사람을 이길 확률은 매우 높다.

높은 고지에서 가난한 자를 폄하하고 싶은 유혹이 든다면 속히 뿌리치라. 당신이 갖고 태어난 두 발 혹은 당신이 다른 누군가에게 받은 네 장의 에이스로 잘난 체를 하는 건 옳지 않다. 물론 그 다리와 그 카드로 이기기 위해 노력해야 하지만 남들보다 유리한 출발을 주신 하나님께 감사하는 것을 한시도 잊지 말아야 한다. 두 다리와 네 장의 에이스, 즉 풍성한 음식과 좋은 집, 깨끗한 옷, 좋은 머리, 교육, 많은 기회를 주신 분은 바로 하나님이시다.

예수님이 당신에게 이런 것을 어떻게 사용하라고 말씀하시는가? 다리 하나인 사람이 다리 둘인 사람과 보조를 맞출 수 있도록 어떻게 도우라고 하시는가? 컴패션이나 월드비전 같은 구호단체들을 통해 한 아이를 지원하라고 하시는가? 아니면 당신이 사는 지역의 비영리 단체를 지원하라고 하시는가? 아니면 긍휼과 정의를 가장 중시하는 교회에서 사역하라고 하시는가? 아니면 처지가 딱한 사람을 초대해서 먹이고 입히라고 하시는가? 아니면 가난한 사람을 위한 자선이나 지역 봉사, 취업 지원 서비스 분야로 진로를 바꾸라고 하시는가?

다양한 가능성이 있지만 한 가지는 분명하다. 예수님과 동행하면 반드시 역할이 주어진다는 것이다. 예수님은 모든 부와 권력을 가진 왕이시되 인간의 고통을 외면한 채 홀로 편하게 즐기시지 않았다. 그분은 약하고 불리하고 억압받고 아픈 자에게 계속 다가가셨다. 그분은 거지와 어린아이, 장애인에게 다가가셨다. 따라서 그분께 다가갈수록 가난한 사람에게 다가가게 되어 있다. 그리고 그럴 때 뜻밖에도 가난한 사람의 얼굴에서 그분을 보게 될 것이다.

너희가 여기 내 형제 중에 지극히 작은 자 하나에게 한 것이 곧 내게 한 것이니라(마 25:40).

누가 부유하고
누가 가난한가

가난한 사람은 자비와 도움을 필요로 하지만 그렇다고 해서 딱하다는 듯 바라보는 시선을 바라지는 않는다. 우디 앨런은 비록 재정 측면에서만 말한 것이지만 가난한 것보다 부유한 게 낫다는 우스갯소리를 했다. 하지만 예수님에 따르면 그 말은 철저히 틀렸다. 예수님은 "심령이 가난한 자는 복이 있나니 천국이 그들의 것임이요"(마 5:3)라고 말씀하셨다. "복이 있나니"라는 말은 '행복한'에 해당하는 성경의 표현이다. 그런데 어떻게 그럴 수가 있을까?

물질주의 세상에서 사는 우리로서는 물질적인 부가 행복을 보장해 주지 않는다는 말을 받아들이기 쉽지 않다. 하지만 〈뉴욕 타임스〉에 소개된 행복에 관한 연구에 따르면, 행복은 소득에 따라 좀처럼 늘어나지 않는다. 미국은 세계에서 가장 부유한 나라 중 하나로 세계 상거래와 소비를 주도하지만 행복 순위에서는 겨우 15위에 걸려 있다. 그 위로 14개 국가는 모두 미국보다 잘살지 못한다. 한 학자는 이런 말을 했다. "지독히 비참한 상황에서도 작은 긍휼에 감사한다면 더없이 행복할 수 있다. …… 굶주리다가 음식 두 토막을 받으면 더없이 행복할 수 있다."[1]

가난과 노숙, 좌절, 빈손으로 가득한 세상에서 사는 레이란 친구에게 기도를 받았던 순간을 평생 잊지 못할 것 같다. 레이는 나를 위해, 그러니까 책도 냈고 편안한 집에서 살며 끼니 걱정을 해 본 적이 없는 대도시의 대형 교회 목사인 내가 하나님 아버지의 돌보심 속에서 안정을, 아버지의 사랑 안에서 기쁨을, 아버지의 은혜 안에서 자유를, 아버지의 품 안에서 친밀함을, 아버지의 가족 안에서 우정을, 아버지의 공급하심으로 '풍요'를 누리게 해달라고 기도해 줬다.

레이는 모든 것을 비움으로써 모든 것을 가진 사람이었다. 그는 손은 텅 비어 있되 마음은 꽉 차 있었다. 레이는 마치 내가 귀로만 듣고 입으로만 이야기했을 뿐 아직 눈으로 보지는 못한 비밀스러운 보물을 가진 것처럼 감사로 충만한 사람이었다.

그의 기도를 듣고 나니 우리 둘 중에 누가 부유하고 누가 가난한지 헷갈리기 시작했다. 누가 두 다리로 달리고 있고 누가 한 다리로 뛰고 있는지 헷갈렸다. 누가 에이스 네 장을 들고 있고 누가 빈손인지 혼란스러웠다. 마르틴 루터의 말처럼 "우리는 거지들이다. 정말로 그렇다." 우리는 다 거지다.

: **저자의 생각 읽기**

예수님께로 가까이 갈수록 가난한 사람에게 가까이 가게 된다. 가난한 사람에게 가까이 갈수록 예수님께 가까이 간다.

: **성경의 생각 읽기**　　사 58:6-10; 61:1-4; 마 5:2-12

심령이 가난한 자는 복이 있나니 천국이 그들의 것임이요(마 5:3).

: **당신의 생각 읽기**

1. 현재 주위에 재정 형편이 어려운 사람이 있는가? 그들과의 관계가 어떤가?

2. 오늘의 내용이 어떤 면에서 도전이 됐는가? 어떤 면에서 당신과 다른 이를 향한 예수님의 사랑을 더 깊이 이해하게 됐는가?

다른 인종의 사람

14

인종 차별은
생각보다 뿌리 깊다

고백할 게 하나 있다. 얼마 전까지만 해도 나는 아프리카계 미국인 대통령이 당선되면 인종 문제 해결에 큰 진전이 있을 거라는 순진한 생각을 했다. 하지만 포스트 공민권 시대에 접어든 지 50년이 지났지만 아무리 봐도 우리는 아직 포스트 인종차별 시대를 선언할 준비가 되어 있지 않다. 내 친구가 보내 준 〈뉴욕 타임스〉의 글 한 토막을 읽고서 그 점을 뼈저리게 느꼈다. 그것은 에모리대학 철학과 교수이자 아프리카계 미국인인 조지 얀시가 쓴 "사랑하는 백인 아메리카"라는 제목의 글이었다.

이 글에서 얀시 박사는 서구 사회에서 유색 인종의 상황에 개탄했다. 그는 역사책, 저녁 뉴스, 엔터테인먼트, 비즈니스, 교육, 정치, 신학, 교회 문화가 주로 백인의 시각으로 이뤄질 때 유색 인종은 소위 "백색의 멍에" 아래서 살 도리밖에 없다고 말했다.[1]

백인 미국인에게는 이런 표현이 부당하게 보일 수도 있다. "멍에"란 단어는 노예 시대를 떠올리게 만들기 때문에 선동적으로 느껴질 수 있다. 현대 서구 사회는 노예 제도와 그 제도를 지지했던 인종주의에 반대하지 않는가? 이제 공립학교는 인종적으로 통합됐다. 이제는 유색인에게 함부로 폭력을 휘둘렀다가는 당장 수갑을 차야 한다. 나 같은 백인 목회자가 설교에서 마틴 루터 킹 주니어 같은 아프리카계 미국인의 말을 스스럼없이 인용한다. 우리는 존 퍼킨스와 코넬 웨스트 같은 아프리카계 미국인 학자의 책과 글을 읽는다.

또 요즘은 백인이 유색인과 결혼하거나 인종이 다른 아이를 입양하는 일이 드물지 않다. 대부분의 백인은 인종주의에 개탄하고 백인 인종주의자에 의해 아프리카계 미국인이 피를 흘리는 현실에 구역질이 난다고 말한다. 셀마, 퍼거슨, 찰스턴, 뉴욕 등지에서 일어난 인종주의적 폭력으로 희생된 아프리카계 미국인을 생각하면 가슴이 저며 온다. 불의가 발생할 때마다 대부분의 백인 미국인은 희생자 편에 서서 가해자를 규탄한다. 하지만 과연 유색 인종이 인종 차별이 끝났다고 느낄까?

인종 차별의 문제는 여전히 남아 있다. 그것을 어떻게 알 수 있을까? 아직도 많은 유색인이 상처받는 것을 보면 알 수 있다. 얀시 박사의 말을 들어 보자.

> 당신에게 '흑인' 친구들이 많다는 말 따위는 내게 하지 마라. 당신이 유색인과 결혼했다고, 오바마를 찍었다고 말하지 마라. 오히려 '내'가 인종주의자라는 말 따위는 하지 마라. 내가 매사에 백인을 탓한다는 말 따위는 하지 마라. 그렇게 말하는 것은 또다시 진실을 숨기는 짓이다. '검둥이'라는 말을 쓰지 않고 KKK단을 혐오한다고 해서 인종주의를 품고 있지 않고 인종주의의 혜택을 받고 있지 않다는 뜻은 아니다. 당신은 상점에 들어가서 감시를 받지 않고, 피부색 때문에 은행에서 대출을 거절당하지 않으며, 흑인을 비롯한 유색 인종이 자녀에게 말해 줘야 할 '이야기'(the talk; 경찰에 관해 주의해야 할 점을 말해 주는 것-옮긴이) 따위가 필요 없고, …… 당신이 백인으로서 편안하게 사는 동안 우리는 흑인이요, 유색 인종이라는 이유로 고생하고 있다.[2]

서로에게
귀 기울이고 있는가

/

10년 전이라면 얀시 박사의 글을 읽고 기분이 상했을 것이다. 아마 말도 안 되는 소리라며 신문을 집어던졌을지도 모른다. 백인에게 근거 없는 죄책감을 심어 주려는 시도라며 분노했을 것이다.

하지만 그동안 나보다 피부색이 검은 사람들의 용기와 진정성을 보면서 그들을 바라보는 내 시각이 예전에 비해 많이 변했다. 요즘은 위와 같은 글을 읽으면 화가 나기보다는 오히려 공감이 간다. 개인적으로 많은 실수를 하고 피부색이 다른 사람과 친분을 쌓으면서 현대 서구 사회에서 소수 인종의 삶을 점점 더 깊이 이해하고 있다.

내 주변에서 아프리카계 미국인과 아시아인의 사랑과 인내, 솔직함을 보면서 얀시 박사의 성토를 전보다 훨씬 더 열린 귀로 들을 수 있게 됐다. 이제 나는 그의 글에서 근거 없는 불만이나 분노, 죄책감 유발, 일종의 '역 인종 차별'을 보는 게 아니라 다수인 백인에게 무시와 오해, 설움을 당하다 지친 소수의 목소리를 대변하는 사람을 본다.

최근 한 아프리카계 미국인 친구에게서 폭동을 일으키는 사람에 관한 이야기를 듣고서 오해를 풀었다. 참고로, 유색 인종만 폭동을 일으키는 건 절대 아니다. 그는 폭동이 잘못이고 많은 피해를 입히긴 하지만 피부색으로 인해 불이익과 무시를 당할 수밖에 없는 무기력한 사람들의 마지막 몸부림이라고 말했다. "폭동은 무기력이 행동으로 표출된 겁니다. 그것은 목소리 없는 뭔가에 목소리를 주려는 시도일 뿐이에요."

이 친구의 말은 결국 상처받은 사람이 상처를 준다는 점을 지적한 것이다. 험한 행동은 험한 꼴을 당한 사람에게서 나온다. 파괴하는 행동은 파괴를 당한 사람에게서 나온다. 경멸하는 행동은 경멸을 당한 사람에게서 나온다. 무시하는 행동은 무시를 당한 사람에게서 나온다.

여기서 잠시 멈춰 보자. 앞으로 돌아가서 얀시 박사의 글을 다시 읽어 보라. 그의 말 속에 배어 있는 고통이 들리는가? 그가 느끼는 소외와 배척이 느껴지는가?

허울뿐이고
피상적인 다양성

백인이 백인에 관해서 쓰는 '백인이 좋아하는 것'이라는 풍자 사이트가 있다. 주로 백인 문화의 맹점과 문제점을 조롱하는 글이 실린다. 그중 한 글은 백인이 인종적 다양성을 어떤 식으로 '좋아하는지' 묘사하고 있다.

> 백인은 인종적 다양성을 좋아하지만 어디까지나 식당에
> 한해서만 그렇다. 많은 백인이 …… 한 거리에 일식집과
> 멕시코 음식점이 같이 있어서 좋다고 말한다. 그러면서
> 자신의 아이들은 다른 부유층 백인 아이만 다니는 사립학교에
> 보내고 산타모니카나 퍼시픽 팰리세이드 같은 동네에 산다.
> 하지만 백인은 이런 점을 지적받는 것을 지독히 싫어한다. 외국
> 음식점을 운영한다면 백인 손님이 샌드위치나 파스타가 아닌
> 색다른 음식을 시도할 줄 아는 모험적이고 세련된 사람인 것처럼
> 대해 주라. 그러면 단골을 확보하고 후한 팁을 받을 수 있다.³

백인으로서 나는 이 글을 읽고 웃어넘길 수 있다. 하지만 유색인종은 이 글을 읽고 얼마나 씁쓸할까 하는 생각을 해 본다. 이런 '다양성'은 진짜가 아니라 허울뿐인 다양성이다. 진정한 관계는 없고 그저 즐기기 위한 피상적인 다양성이다. 다수 인종의 입장에서는 아무런 자기반성이나 변화도 필요하지 않기 때문에 이는 참된 다양성이 아니다. 하지만 소수에게는 큰 희생이 따른다. 모든 것이 백인의 방식으로 이뤄지는 백인의 세상에 동화되기 위해 자신만의 독특한 문화와 유산을 포기하고 전적으로 굽히고 순응하고 맞춰 줘야 하기 때문이다.

한번은 설교 목사로 사역하던 뉴욕 리디머교회에서 다양성에 관한 설교를 한 적 있다. 당시 리디머교회 교인의 절반은 백인, 나

머지 반은 아시아인이었다. 그 설교에서 나는 아시아인 형제자매들이 좋아할 만한, 아니 그들에게 기립박수를 받을 것이라고 확신한 발언을 했다.

> 하나님 나라는 인류만큼이나 다양한 사람으로 구성돼 있습니다. 하나님은 모든 나라와 민족, 방언에서 사람들을 그분께로 부르셨어요. 하나님은 우리를 하나의 몸, 한 분이신 주님, 하나의 믿음, 하나의 세례로 부르셨어요. 따라서 백인 교회나 흑인 교회, 아시아인 교회, 라틴 교회 같은 것은 없어야 합니다. …… 오직 '하나의' 교회만 있기 때문입니다.

당시에는 이 말이 얼마나 큰 상처를 주는지 전혀 몰랐다. 예배가 끝나고 나서 한 아프리카계 미국인 형제가 찾아와 슬픔이 가득한 눈으로 나를 쳐다봤다. "목사님, 상황 파악을 못하시는군요."

당시에는 그 말이 몹시 귀에 거슬렸다. 내가 뭘 잘못했는지 도저히 이해할 수가 없었다. 하지만 때로 귀가 닫힌 사람에게는 단도직입적인 지적이 필요하다. 얼마 지나지 않아서 이번에는 한 아시아계 교인이 찾아와 정중하면서도 또박또박한 말투로 의견을 제시했다. 그의 말을 풀어 써 봤다.

> 어제 목사님의 설교를 듣고 나서 저처럼 소수 인종인 친구들과

이야기를 나눴습니다. 정도는 다르지만 하나같이 목사님의 말씀에 상처를 입었습니다. 그들 대부분은 어릴 적에 소수 인종 교회를 다녔습니다. 그런데 목사님이 그런 교회를 폄하하시는 것처럼 느꼈습니다. 그런 교회는 아예 없어져야 한다는 말씀처럼 들렸습니다. 목사님이 좋은 뜻으로 하신 말씀이라는 것을 잘 압니다. 목사님이 하나님이 원하시는 다양성을 강조하신 거라고 믿습니다. 하지만 목사님의 설교가 오히려 역효과를 내지 않았을까 걱정입니다. 백인 중심의 사회에서는 소수 인종이 자신의 독특한 문화를 마음껏 즐기고 유색 인종이 있는 모습 그대로 마음껏 행동할 수 있는 곳은 '자신의' 인종이 다수인 교회 외에 별로 없습니다. 인종적으로 다양한 교회에 관한 목사님의 설교가 백인 성도에게는 도움이 되었을지 모르겠지만 소수 인종에게는 백인 중심의 세상과 백인 중심의 교회에서 느껴 온 소외감을 더 악화시켰을 뿐입니다. 아무래도 목사님의 설교가 그런 소외감을 덜어 주기는커녕 더해 준 것 같습니다.

이 말을 들으면서 고마움과 슬픔을 동시에 느꼈다. 우선 내 맹점을 밝혀 주었기에 감사했다. 덕분에 소수 인종이 어떻게 살고 있고 내가 이 부분에서 얼마나 성숙해져야 할지를 조금은 더 알았다. 그러나 동시에 내가 인종 사이에 다리를 놓겠다고 나섰다가 오히려 있는 다리마저 태워 버린 것은 아닌가 싶어서 슬픔이 몰려왔다.

소수 인종의
목소리를 존중하라

최근에 나는 인종에 관한 전국 토론회에 초대를 받았다. 하루 종일 진행되는 토론회였는데 약 스무 명이 참석했다. 절반은 백인이었고 절반은 아프리카계 미국인이었으며, 작가와 음악가, 사회사업가, 목사, 정치인, 비영리 단체 사역자로 구성돼 있었다. 참, 프리덤 라이더(Freedom Rider; 공민권 운동가-옮긴이)도 한 명 참석했다.

그런 토론회에 여러 번 참석한 경험이 있었지만 그날은 하루 종일 웬만하면 입을 열지 않았다. 말하기 좋아하는 목사의 본능을 억누른 채 경청하고 메모하는 데 집중했다. 우리 아프리카계 미국인 친구들, 아니 '그냥 친구들'에게서 들은 말을 조금 소개해 보겠다.

"제발 나를 '흑인 친구'라고 부르지 마세요. 그런 표현은 우리 관계가 그만큼 얕다는 증거일 뿐이에요. 나를 그냥 '친구'로 봐주기 전까지는 당신이 나를 동등하게 여긴다고 생각할 수 없어요."

"평생의 목표가, 모든 힘을 가진 백인에게 피부색이 다르다고 위협적인 존재인 건 아니라는 점을 증명해 보이는 것이라고 생각해 보세요."

"나는 백인 여성과 결혼한 피부색이 검은 사람이에요. 우리 아이 중에 피부색이 밝은 녀석은 검은 녀석보다 훨씬 더 편한 '인종 경험'을 하고 있습니다. DNA가 똑같은데도 말이에요."

"백인에 의한 젠트리피케이션(gentrification; 낙후됐던 구도심이 번성해 중산층 이상의 사람들이 몰리면서 임대료가 오르고 원주민이 내몰리는 현상-옮긴이)이 사실상 모든 대도시의 흑인 지역을 휩쓸고 있어요. 젠트리피케이션은 '가진 자'가 '가지지 못한 자'를 전혀 배려하지 않고 쫓아내는 겁니다."

"백인의 특권은 우리 제도에 깊이 뿌리를 내리고 있습니다. 특권이란 다른 문화와 전혀 접촉하지 않고도 성공할 수 있다는 뜻이에요."

"오늘날 백인 사이에는 두려움이 팽배해 있는 듯해요. 특권을 포기하는 것에 대한 두려움, 많이 듣고 적게 말하는 것에 대한 두려움 말이에요."

"지금 그리스도인 리더는 자신을 낮춰 배우고 유색 인종
형제자매를 지지할 절호의 기회를 맞고 있습니다."

"고통과 한탄은 백인 복음주의 진영의 책에서 좀처럼 가르치지
않는 것들이지요. 고통을 다루는 법은 유색 인종이 백인에게
줄 수 있는 선물입니다."

"무시무시한 백인이란 말은 어디에서도 들을 수 없어요. 오직
무시무시한 흑인만 있지요."

"유색 인종에게 인종 문제는 단순한 '이슈'가 아니라 삶
자체예요."

"백인 친구에게 부탁합니다. 제발 사랑이란, 소수자의 삶
전체에 참여하는 것임을 깨닫기 바랍니다. 다시 말해, 고통도
함께하는 것이 진짜 사랑입니다."

"프리덤 라이더로서 특히 백인에게 말하고 싶습니다. 요즘은
흑인 단체에서 좀처럼 저를 부르지 않습니다. 희망을 잃어버린
탓이지요. 해 봐야 소용없다고 판단한 겁니다."

"흑인으로서 말하는데, 동정은 필요하지 않아요. 대신 저도 훌륭한 사람이 될 수 있다고 말해 주세요. 달래지만 말고 제게 더 큰 기대를 품어 주세요."

다수의 한 명으로서 나는 말을 줄이고 소수의 목소리를 더 들어주는 게 얼마나 중요한지를 배워 가고 있다. 나는 소수의 입장이 되어 본 적이 없다. 평생 백인 중심의 사회에서 "백인으로서 편안하게" 살아왔다. 그렇기 때문에 이제는 말하기보다 듣는 데 집중해야 한다. 추측하고 해법을 제시하기보다는 질문을 던져야 한다. 소수자의 고통에 귀를 기울일 때만이 비로소 차이를 넘어 상처가 아닌 진정으로 도움이 되는 사랑을 할 수가 있다.

소수를 위한 자선으로는
충분하지 않다

/

문화적 불평등, 다수와 소수의 역학 속에서 발생하는 고통은 어제 오늘의 얘기가 아니다. 사실 신약의 교회에서도 소수가 무시당하는 상황은 가장 먼저 발생한 문제 가운데 하나였다. 처음에 교회는 아람어를 사용하는 히브리파로만 지도층이 구성돼 있었다. 하지만 오래지 않아 헬라어를 사용하는 소수인 헬라파가 다수인 히브리파에 불만을 제기했다. 그것은 히브리파로만 이루어진 지도자들이 고통 속에 있는 헬라파 과부들을 돕지 않았기 때문이다.

모든 특권과 권력을 쥔 히브리파는 헬라파의 원성을 모른 체할 힘이 있었다. 다수로서 그들은 불만을 해소하기 위해 수고와 불편, 희생을 감수하기보다는 소수파의 의견을 묵살하는 편을 선택할 수도 있었다. "우리 공동체에 받아 준 것만 해도 감사하지 않습니까? 그리고 불평하는 게 신앙인답지 못하다는 것을 모르나요? 왜 가진 것에 감사하지 못합니까?" 그렇게 헬라파 형제자매에게 핀잔을 줄 수도 있었다.

아니면 간단하게, 귀찮은 헬라파 식구들에게 문을 가리킬 수도 있었다. 그들에게 나가서 자기들끼리 새로 공동체를 만들라고 말할 수도 있었다. "이곳이 싫다면 붙잡지 않겠습니다. 우리 방식이 마음에 들지 않으면 다른 곳에 가서 따로 교회를 세우세요."

다수인 히브리파는 여러 가지 방법으로 소수파의 원성을 묵살할 수 있었다. 하지만 그들은 그러지 않았다. 히브리파 지도자들은 소수의 의견을 묵살하는 대신 과부 지원 프로그램에 대한 전권을 소수파에 넘겼다. 교회 내의 인종 불평등을 바로잡기 위해 일곱 사람 스데반, 빌립, 브로고로, 니가노르, 디몬, 바메나, 니골라가 선출되었는데, 그들 모두가 헬라파였다(행 6:1-7 참조).

그런 의미에서 초대 교회의 히브리인 지도자들은 소수 집단이 스스로 해법을 찾아 문제를 해결할 수 있도록 하는 '소수 집단 우대 정책'(affirmative action)의 선구자다.

문화, 경제, 정치, 인종, 그 어떤 분야에서든 진정한 다양성으로 가는 첫걸음은 소수를 위한 자선만으로는 충분하지 않다는 점을 인식하는 것이다. 진정으로 성경적이며 사랑에서 나온 자선은 권한 위임으로 이어져야 한다. 다수가 수시로 자신을 낮춰 소수의 목소리를 '따라야' 한다. 특히 불의와 불평등이 존재할 때는 다수가 적극적으로 마이크와 통제권을 소수에게 넘겨 줘야 한다. '의견'을 묻는 차원을 넘어 '이끌' 기회를 제시해야 한다. 상에서 떨어지는 부스러기가 아닌 상의 한 '자리'를 내줘야 한다. 그렇지 않으면 다양성은 계속 피상적인 수준에 머물 수밖에 없다. 특히 인종과 관련해서는 백인이 좋아하는 쪽으로 갈 수밖에 없다.

'우리'로의 초대

/

내 친구 목사 로니 미첼은 내게 친구 그 이상이다. 그는 내 스승이기도 하다. 미첼은 나를 "다른 어머니에게서 태어난 형제"로 부른다. 하지만 사실 우리는 꽤 다르다. 우선 그는 평생 한 동네에서만 살았다. 또한 그는 나보다 20년 가까이 연상이고, 내 평생에 맞먹는 세월 동안 한 여인과 동행했다. 그는 생계를 위해 다른 일을 하면서 아프리카계 미국인 교회인 뉴리빙스턴교회를 목회해 왔다. 무엇보다도 그는 아프리카계 미국인이다.

나는 미첼과 동행하면서 예수님의 삶에 관해 그 어떤 책이나 설교에서보다도 많은 것을 배웠다. 미첼 덕분에 나는 백인의 세상에서 흑인으로 사는 데 따르는 고통에 눈을 떴다. 하지만 그는 한순간도 분노나 신세한탄에 빠지지 않았다. 그래서 그는 언제나 내게 은혜와 인내의 귀감이었다.

그를 통해, 젠트리피케이션이 일부 사람에게는 도움이 되지만 많은 사람에게는 고통을 준다는 사실을 알았다. 젠트리피케이션으로 한 지역이 한 집단에게는 '더 좋은' 곳으로 변하지만 다른 집단에게는 더 나쁜 곳, 넘볼 수조차 없는 곳으로 변해 버린다. 그는 우리 교회에서 두 번이나 설교를 했는데, 두 번 다 전 교인을 이끌고 와 연합과 단결의 진수를 보여 줬다. 그는 아이처럼 온순한 기도를 하다가 갑자기 힘차게 천국 문을 향해 전진하는 모습을 보여 주곤 한다.

그는 세상에서 가장 가난한 사람이 사실은 가장 높은 위치에 있고 가장 부유한 사람이 가장 밑바닥에 있는 경우가 많다는 사실을 가르쳐 줬다. 또한 그는 그야말로 표현력의 일인자다! 하지만 가장 좋은 것은 그와 가까이 있을 때면 언제나 예수님과 가까이 있는 것을 느낀다. 그는 셀 수 없이 많은 면에서 내게 도전한다. 그를 볼 때마다 더 나은 사람이 되어야겠다고 다시금 마음을 다잡게 된다. 그래서 그가 꼭 필요하다.

최근에 영광스럽게도 그가 목회하는 뉴리빙스턴교회 연간 부흥회에 강사로 초빙을 받았다. 그 전에는 부흥회에서 설교해 본 적이 없었다. 뿐만 아니라 아프리카계 미국인 교회에서 설교해 본 적도 없었다. 하지만 지금은 그 일이 목회자로서 경험한 가장 훈훈한 일 세 가지 중 하나라고 자신 있게 말할 수 있다.

그 교회에 발을 들인 순간부터 교인들은 나를 초빙 목사가 아니라 한 식구로 받아 줬다. 나, 미첼의 초대로 찬양 시간을 인도하게 된 우리 교회 찬양팀, 그리고 역시 미첼의 초대로 참석하게 된 우리 교인들은 분에 넘치는 환대를 받았다. 아니, 환대 정도가 아니라 우리는 하나님 나라를 똑똑히 맛보고 돌아왔다.

그날 밤 그 아름다운 교회를 나오면서 미첼이 왜 나 같은 사람을 자기 교회의 부흥회 강사로 불렀을까 하는 생각을 했다. 왜 "백색의 멍에" 아래서 사는 교인의 목사가 왜 '나'를 설교단으로 불렀을까? 왜 그는 '자신의' 성도들에게 화합과 사랑, 화해, 평화의 메시지를 전하는 신성한 임무를 정반대의 피부색과 거주 환경, 민족의 역사를 지닌 '나'에게 양보했을까? 그는 왜 그토록 큰 위험을 무릅쓴 채 내게 리더의 자리를 양보했을까?

답은 뻔하다. 왜냐하면 그야말로 진정한 리더니까.

지금까지 미첼은 나와 자기 교회의 성도에게 피부색을 냉소와 절망의 눈이 아닌 소망의 눈으로 보아야 한다는 점을 가르쳐 줬다. 그는 피부색을 분리와 소외, 배척의 눈이 아닌 '모든' 나라와 백성,

민족, 방언으로 이뤄진 하나님 나라의 눈으로 보라고 가르쳤다. 그는 우리 안에서 하나님의 형상이 더욱 온전히 형성되기 위해 서로에게서 배우고 서로의 말에 귀를 기울이며 함께 삶을 나눠야 한다고 가르쳤다. 그가 나를 자신의 식구요 다른 어머니에게서 태어난 형제로 대하는 모습에서 예수님과 연합하는 것이 서로 연합하는 것이기도 하다는 사실을 새삼 깨달았다. 예수님을 통해 '우리'의 범위가 확장되고 '남'의 범위가 축소되어야 한다.

이것은 내가 미첼을 친구일 뿐 아니라 스승으로서 의지하는 수만 가지 이유 중 몇 가지일 뿐이다. 미첼은 인종적으로 분열된 세상 속에서 진정한 지도자란 무엇인지를 날마다 보여 준다는 점에서 내 스승이다. 자신의 교회에서 그는 그 옛날 다수인 히브리파 지도자들이 소수인 헬라파 교인들에게 베푼 호의를 내게 베풀었다.

미첼은 백인 목회자에게 마이크를 넘겼다. 그는 통제권을 휘두르지 않고 오히려 내게 넘겼다. 그는 나를 외부인이 아닌 친구로 대해 줬다. 그는 나를 깔보지 않고 존중했다. 그는 나를 무시하지 않고 뭔가 중요한 할 말이 있는 사람으로 대했다. 그는 나를 '그들' 중 한 명으로 풍자하지 않고 '우리' 중 한 명으로 받아 줬다. 그는 내게 상에서 떨어진 부스러기를 던지지 않고 상의 한 자리를 내어 주었다. 그는 나를 다른 교회에서 온 백인으로 부르지 않고 다른 어머니에게서 난 형제라고 불러 줬다. 미첼은 내 스승이다. 그에게서 배워야 할 게 아직 많다.

: **저자의 생각 읽기**

예로부터 지금까지 인종 간 갈등은 소수 인종에게 특히나 막대한 고통을 안겨 줬다. 하지만 듣고 배울 마음이 있는 사람에게 인종 간의 차이는 하나님 나라에 관한 비전을 더욱 키우기 위한 좋은 기회가 될 수 있다.

: **성경의 생각 읽기**　　창 17:4-5; 갈 3:28

너희는 유대인이나 헬라인이나 …… 그리스도 예수 안에서 하나이니라(갈 3:28).

: **당신의 생각 읽기**

1. 인종 간 갈등이 당신의 삶과 관계에 어떤 영향을 미쳤는가? 인종 문제와 관련해서 가장 힘들었던 경험이나 인상 깊고 감동적이었던 경험은 무엇인가?

2. 인종 문제에 관해 발언하는 것이 중요하다고 생각하는가? 이유는?

3. 인종 문제에 관해서 다른 사람의 말을 듣는 게 중요하다고 생각하는가? 그 이유는?

사회 부유층과 권력층

15

사명과 탐욕 사이에서
늘 갈등한다

뉴욕의 24평짜리 아파트에서 살던 우리 가족은 내슈빌로 이사할 때 좀 더 넉넉한 생활공간으로 옮기기를 원했다. 하지만 동시에 너무 크지도 않기를 바랐다. 우리는 가족끼리 살갑게 부대끼며 지낼 수 있고 검소하게 살 수 있는 작은 집에 익숙해 있었다. 그래서 공인중개사 사무실에 내가 목회할 교회에서 8킬로미터 이내에 너무 크지도, 작지도 않은 집을 구해 달라고 부탁했다. 하지만 부동산업자가 찾은 가장 작은 집, 지금 우리가 살고 있는 집은 그보다 거의 두 배나 큰 집이다.

우리 딸들은 이삿날이 되어서야 처음으로 새집을 봤다. 새집에 도착하자 두 딸 중 매사에 정의를 따지고 세계 빈곤 문제에 민감한 딸이 집이 너무 크다고 난리를 쳤다. 녀석은 '네' 식구가 뛰어다닐 만큼 큰 집이 왜 필요하냐고 투덜거렸다. 이렇게 사는 것은 아무래도 '옳지 않은' 것 같다고 말했다. 사실 우리도 말은 안 했지만 같은 심정이었다.

이 집과 관련해서 두 가지 아이러니가 있었다. 첫째, 100평에 가까운 집의 가격이 뉴욕에서 살던 24평짜리 집의 절반밖에 되지 않았다. 둘째, 몇 주간 여러 집을 방문해 보니 우리의 '큰' 집이 다른 집에 비해 '작게' 느껴지기 시작했다.

전에 목회했던 뉴욕의 교회도 그렇고 지금 목회하는 내슈빌의 교회도 그렇고 부유층과 유명인사들이 적잖이 출석한다. 그래서 우리는 부와 명성의 문제와 씨름할 수밖에 없었다. 예수님은 돈과 인기를 가진 사람을 어떻게 생각하실까? 그분의 식탁과 그분의 가족에, 그들을 위한 자리가 있을까? 파산하거나 근근이 살아가는 사람들이 단지 가진 것이 적다는 이유만으로 더 낫다고 말할 수 있을까? 예수님이 부자 청년에게 하셨던 명령, 즉 가진 것을 전부 팔아 가난한 사람에게 주라는 명령이 '모든' 제자에게 무조건 적용되어야 할 명령인가?

돈, 돈, 돈

마리아는 지극히 비싼 향유 곧 순전한 나드 한 근을 가져다가
예수의 발에 붓고 …… 향유 냄새가 집에 가득하더라 ……
가룟 유다가 말하되 이 향유를 어찌하여 삼백 데나리온에 팔아
가난한 자들에게 주지 아니하였느냐 하니(요 12:3-5).

유다가 만류했는데도 불구하고 예수님은 식탁에 편히 앉아 마리아의 선물을 받으셨다. 마구간에서 태어나 쓰레기 더미 위에서 돌아가셨고 머리 누일 곳조차 없으셨던 예수님. 그런 예수님이 대기업 중역과 지역 유지, 귀족 출신에게나 가능한 호사를 즐기셨다. 게다가 무한한 지혜, 우리 머리로는 이해할 수 없어 때로 혼란을 자아내는 지혜의 소유주이신 그분이 어떤 자녀는 가난하게 살게 하고 어떤 자녀는 부유하게 살게 하셨다.

예컨대, 지구 상에서 가장 경건했던 사람 욥은 가장 부유했던 사람이기도 하다. 아브라함은 넓은 땅과 수많은 가축의 소유주였다. 솔로몬은 하나님께 지혜를 구했지만 지혜뿐만 아니라 막대한 부까지 덤으로 받았다. 예수님의 장지를 마련했던 니고데모와 아리마대 요셉은 둘 다 부와 영향력을 지녔던 인물이었다. 사실, 성경은 부유한 삶을 죄와 부패로 얼룩지지 않은 하나님 세상의 특징 중 하나로 제시하는 듯하다. 역사는 풍요로운 낙원으로 시작되었으며

대저택과 보석, 황금 길로 가득한 풍요로운 도성으로 끝날 것이다.

하지만 성경 말씀을 보자.

> 부하려 하는 자들은 시험과 올무와 여러 가지 어리석고 해로운 욕심에 떨어지나니 곧 사람으로 파멸과 멸망에 빠지게 하는 것이라 돈을 사랑함이 일만 악의 뿌리가 되나니(딤전 6:9-10).

> 한 사람이 두 주인을 섬기지 못할 것이니 …… 너희가 하나님과 재물을 겸하여 섬기지 못하느니라(마 6:24).

예수님은 돈을 사랑했던 부자 청년에게 전 재산을 팔아 가난한 사람에게 주기 전까지는 생명으로 들어갈 수 없다고 분명히 말씀하셨다.

왜 예수님은 이 청년에게는 전 재산을 가난한 자에게 주라고 하시면서 아브라함이나 욥에게는 똑같은 명령을 하시지 않았을까? 그것은 사실상 부자 청년이 돈을 소유한 게 아니라 돈이 그를 소유했기 때문이다. 그는 돈 없이는 살 수 없다고 생각했지만, 사실상 그는 돈 때문에 살 수 없었던 것이다.

성경은 부유한 게 잘못이라고 말하지 않는다. 단지 부를 '열망하고 섬기는' 것이 잘못이다. 성경은 돈이 일만 악의 뿌리가 아니라 돈을 '사랑'하는 것이 진짜 문제라고 말한다.

왜 탐욕에 찌든 부자를
사랑하셨나

／

부자 청년은 예수님 대신 돈을 선택했다. 부유한 삶을 포기한다는 게 그에게는 불가능한 일처럼 느껴졌다. 하지만 그가 돈의 품으로 달려가는 뒷모습을 예수님은 사랑의 눈으로 바라보셨다. "예수께서 그를 보시고 사랑하사"(막 10:21).

돈 때문에 그분을 거부한 사람을 어떻게 사랑하실 수 있단 말인가. 오로지 명성과 지갑만 섬기는 자를? 예수님은 탐욕의 껍데기를 뚫고 그 탐욕을 일으키는 두려움과 불안감을 보셨던 것이다. 우리도 부자 청년을 보며 '사랑'할 수 있을까? 부당한 짓으로 돈을 긁어 모았던 탐관오리요 매국노였던 삭개오를 보며 "오늘 당신의 집에 가서 함께 식사를 하며 친해지고 싶어요"라고 말할 수 있을까?(눅 19:1-10 참조)

부유층에 근심과 우울증이 집중된 까닭은 무엇일까? 헨리 데이비드 소로에 따르면 "수많은 사람이 조용한 절망의 삶을 살고 있다."[1] 다음 글은 부의 빈곤 속에서 파멸에 빠진 수많은 부자의 안타까운 현실을 정확히 지적한다.

요즘 새롭게 발견된 위기에 처한 집단은 부유한 지식층 집안의 어린아이들과 10대 아이들이다. 경제적, 사회적 우위에도 불구하고 그들 중에 우울증, 마약 상용, 불안장애, 신체 증상 호소, 불행이 가장 많이 나타난다. …… 재정적으로 안정된 가정의 사춘기 여자 아이 중에서 무려 22퍼센트가 임상 우울증을 앓고 있다. 이는 전국 사춘기 여아 우울증 발병률의 세 배다.[2]

항상 보이는 게 전부가 아니다. 예수님은 탐욕에 찌든 부자를 보고 '사랑'하셨다. 우리도 그럴 수 있을까?

예수 없으면
아무것도 없는 것

내 현실을 돌아보면 남에게 사치스럽게 산다고 비난할 자격이 없다. 다른 것과 마찬가지로 돈에 관해서도 나 자신의 상황부터 철저하고 현실적으로 점검해야 한다. 세상 사람의 거의 절반은 하루에 2.5달러 이하로 살아간다. 그렇다면 나는 수많은 사람의 하루 생활비보다 더 많은 돈을 커피에 쓰는 셈이다. 우리 가족이 뉴욕에서 살았던 비좁은 24평짜리 집도 그들에게는 '궁전'이나 다름없다.

이것이 죄책감을 느낄 이유는 아니지만 현실을 깨달아야 할 이유는 된다. 미국의 서민처럼만 살아도 이 세상의 절반에 해당하는 곳에서는 상위 1퍼센트에 들어간다. 이것이 우리 그리스도인에게 무엇을 의미할까?

하나님은 그분의 백성이 특정한 곳만이 아니라 모든 곳에 있기를 원하신다. 하나님은 빈민층만이 아니라 부유층에도 그분의 백성이 있기를 원하신다. 따라서 그리스도인이 가장 부유한 동네에서 살고 가장 부유한 회사에서 일하며 가장 부유한 모임에서 활동하는 것은 대체로 좋은 일이다. 심지어 그것이 하나님의 소명일 수도 있다.

왜일까? 부유한 지식층 가정의 자녀가 우울증과 자살에 빠지는 경우가 전국 평균의 세 배에 달하기 때문이다. 게다가 그들의 돈 많은 부모도 조용한 절망에 빠져 있다. 그들도 예수님 안에서 영원한 부를 발견한 사람과의 공동체를 필요로 한다. 세상의 수많은 부자가 매일같이 근심과 우울증, 외로움, 도저히 충족시킬 수 없는 기대, 서로에 대한 불신에 시달린다. 그 모든 문제에 대한 유일한 답이신 예수님의 빛인 교회가 그들을 외면하면 얼마나 잔인한가.

답은 아마도 시 칸(Si Kahn)이 짓고 데이비드 윌콕스가 불러 많은 사랑을 받았던 곡 가사에 있지 않을까? "중요한 것은 무엇을 받았느냐가 아니라 받은 것으로 무엇을 하느냐, 그것이라네."

자신의 권한을 최대한 활용해, 보험 혜택을 받지 못하는 사람을 위해 싸우는 고위급 정부 관리. 적으로서도 기껏해야 너무 깨끗하다는 비판밖에 할 수 없는 청렴결백한 정부 관리. 청소년 사역과 교회 개척을 위한 모금 행사에 빠짐없이 모습을 드러내는 정부 관리. 혹은 자신의 영향력과 음반 수익으로, 장애를 가진 고아들에게 사랑 많은 가정을 찾아 주기 위한 비영리 단체를 세우는 그래미 수상 가수. 혹은 베스트셀러 작가 반열에 올랐지만 좋은 집과 사치품에 빠지기보다는 C. S. 루이스와 릭 워렌처럼 가난한 사람과 하나님 나라의 일을 위해 수입의 '90퍼센트'를 내어놓는 '역 십일조'의 대열에 동참하는 작가와 그 부인.

오른손이 한 일을 왼손이 모르도록 조용히 수감자와 대학생, 교회를 섬기는 유명 작곡가. 수많은 팔로워를 거느린 블로거의 힘으로 핍박받는 교회를 위한 행동을 촉구하는 여섯 아이의 엄마. 자신의 영향력으로 비슷한 노력을 하는 록 스타. 얼마든지 뿌리를 뽑을 수 있는 '어리석은 가난'(stupid poverty)이 실제로 뿌리 뽑히는 그날까지 멈추지 않겠노라 다짐한 사람들.

혹은 하루하루 최선을 다해서 살아가는 싱글맘. 아르바이트 월급으로 가난한 한 아이를 후원하는 고등학교 학생. 직장을 잃어 남들에게 줄 것이 하나도 없지만 또 하루의 양식과 쉴 곳, 옷, 친구들을 주신 하나님께 늘 감사하는 남자. 교회에서 주보를 나눠 주는 스물두 살 다운증후군 장애인.

'중요한 것은 무엇을 받았느냐가 아니라 받은 것으로 무엇을 하느냐, 그것이라네.'

예수님도 달란트(예수님 시대의 통화 중 하나) 비유를 통해 비슷한 메시지를 던지셨다. 한 사람은 다섯 달란트를 받고 다른 사람은 두 달란트를 받았다. 두 사람 모두 받은 돈을 열심히 투자해서 두 배로 불렸다. 그런데 둘 다 주인에게 똑같은 상을 받았다. 두 사람의 수익은 달랐지만 주인의 눈에는 네 달란트를 내놓은 사람이나 열 달란트를 내놓은 사람이나 똑같이 충성스러운 종이었다. 둘 다 받은 것으로 충성을 다했다(마 25:14-30 참조).

부와 권력을 가진 것 자체에는 특별할 것이 없다. 내 아내 패티가 자주 쓰는 표현을 빌자면 "모두가 중요한 사람이고 누구나 한 번에 한 발씩만 바지에 발을 넣는다."

당대 최고의 부자였던 욥은 이렇게 말했다.

> 내가 모태에서 알몸으로 나왔사온즉 또한 알몸이 그리로 돌아가올지라 주신 이도 여호와시요 거두신 이도 여호와시오니(욥 1:21).

결국 진정한 부는 예수님이 우리의 벌거벗음을 덮어 주기 위해 하신 일이다. 진정한 부는 그분이 받은 '달란트'로 하신 일이다.

> 그[예수님]는 근본 하나님의 본체시나 하나님과 동등됨을 취할 것으로 여기지 아니하시고 오히려 자기를 비워 종의 형체를 가지사 사람들과 같이 되셨고(빌 2:6-7).

> 부요하신 이로서 너희를 위하여 가난하게 되심은 그의
> 가난함으로 말미암아 너희를 부요하게 하려 하심이라(고후 8:9).

우리 모두 여기서 시작할 수 있다면. 예수님 없이도 부요해질 수 있다는 환상에서 벗어날 수 있다면. 가진 자와 가지지 못한 자가 모두 그분과 서로를 필요로 한다는 사실을 볼 수 있다면. 예수님을 떠나서는 우리 모두가 진정한 의미로는 가난하다는 사실을 볼 수 있다면. 우리가 십자가 밑에서 만나 만인을 향해 보여 주신 주님의 사랑에 감격해서 서로의 짐을 져 준다면. 적게 가진 것이나 많이 가진 것이나 다 짐이 아닌가.

부유하거나 가난하거나 그 중간 어디쯤이거나 상관없이 예수님이 없으면 아무것도 없는 것이다. 하지만 예수님만 있으면 전부를 가진 것이나 다름없다.

: **저자의 생각 읽기**

전부를 가졌어도 예수님이 없으면 아무것도 가지지 못한 것이며, 예수님만 있으면 전부를 가진 것이다.

: **성경의 생각 읽기**   욥 1:20-22; 마 25:14-30

주신 이도 여호와시요 거두신 이도 여호와시오니 여호와의 이름이 찬송을 받으실지니이다(욥 1:21).

: **당신의 생각 읽기**

1. 예수님이 우리의 진정한 부라고 믿을 때, 가진 사람과 가지지 못한 사람에 대한 우리의 생각과 태도가 어떻게 달라질까?

용서하기 힘든 가해자

16
죄가 클수록
가장 용서가 필요한 사람이다

교도소에서 복역하던 한 남자가 그리스도인이 되었다는 소식을 듣고 화가 머리꼭지까지 나서 씩씩거렸던 기억이 난다. 그 남자가 하나님의 은혜와 사랑, 용서를 받을 자격이 없다고 생각했기 때문이다. 그런 인간은 천국에 가면 안 된다고 생각했다. 아주 잠깐이지만 그런 인간과 같이 천국에서 사느니 지옥에 가는 편이 낫겠다는 생각도 했다. 그 남자는 바로 '밀워키의 식인종'으로 유명한 제프리 다머였다. 그는 13년 동안 17명을 살해하고 토막 냈다. 그 외에도 희생자에게 온갖 상상도 못 할 만행을 저질렀다.

다머가 예수님을 영접했다는 소식과 그에 대한 나 자신의 격한 반응은 내 믿음을 깊이 돌아보는 계기가 됐다. 성경의 말대로 구원이 예수님을 믿는 믿음으로만 받는 선물이기 때문에 '누구에게나' 임할 수 있는 은혜라면 심지어 제프리 다머 같은 자도 하나님의 용서를 받을 수 있다. 악독한 연쇄살인범도 하나님의 은혜의 파격을 통해 새로워질 수 있다.

내가 진실로 너희에게 이르노니 세리들과 창녀들이 너희보다 먼저 하나님의 나라에 들어가리라(마 21:31).

너희는 그 은혜에 의하여 믿음으로 말미암아 구원을 받았으니 이것은 너희에게서 난 것이 아니요 하나님의 선물이라 행위에서 난 것이 아니니 이는 누구든지 자랑하지 못하게 함이라(엡 2:8-9).

파격적인 은혜

어느 주일, 내가 은혜에 관한 설교를 마치고 나서 '루'라는 남자가 찾아왔다. 그는 자기혐오가 가득한 얼굴로 내게 물었다.

"목사님, 예수님의 가족에 정말로 저 같은 사람을 위한 자리가 있을까요? 아무리 생각해도 불가능해 보여서요."

나는 그에게 어떤 사연이 있는지 물었다. 그러자 그가 아무에게도 하지 않았던 이야기를 털어놓았다.

"제가 만들어 낸 악마에 관한 이야기를 해야겠네요. 그 후로 계속 데리고 다니는 악마지요. 남들도 그 악마를 데리고 다녀요. 바로 저 때문에요. 하지만 먼저 다시 묻고 싶습니다. 예수님이 정말로 저 같은 사람도 사랑하시나요?"

나는 한마디 한마디에 힘을 주어 대답했다.

"물론이죠. 예수님은 물론 선생님을 사랑하십니다. 정말입니다. 예수님은 모든 사람을 사랑하신답니다."

솔직히 나는 곧 그 말을 뱉은 것을 잠시 후회했다. 루는 자신이 성 범죄자라고 고백했다. 그가 그런 말을 하는 동안 내 아내와 딸이 바로 지척에서 즐겁게 수다를 떨고 있었다. 순간 분노가 치밀었다. 예수님과 은혜에 대해 혼란이 느껴졌다. 아내와 딸들을 보니 하나님의 은혜가 지나쳐 보여 심기가 몹시 불편했다.

그러다가 역시 성 범죄자였던 다윗 왕이 하나님의 마음에 합당한 사람으로 불렸다는 사실이 기억났다. 다윗의 희생자였던 밧세바가 떠올랐다. 다윗은 그녀를 이용했을 뿐 아니라 그녀가 불륜으로 임신했다는 사실을 감추기 위해 그녀의 남편 우리야가 죽을 수밖에 없는 상황을 만들었다. 하지만 밧세바는 그 마음속에서 일어난 은혜의 기적으로 결국 다윗의 아내요 여디디야의 어머니가 되었다. 여디디야는 '하나님이 사랑하시는 자'란 뜻이다. 여디디야의 다른 이름은 바로 '평화'를 뜻하는 솔로몬이다(삼하 11장; 12:24-25 참조).

다윗은 우리야의 아내에게서 솔로몬을 낳고(마 1:6).

이런 이야기는 감동적이며 희망으로 가득하다. 하지만 정작 내가 이런 일의 희생자라면 얘기가 달라진다. 툭하면 복음을 망각하고 끔찍한 범죄의 가해자에게는 은혜가 배제되어야 한다고 생각하는 사람이 어디 나뿐인가.

은혜는 스캔들이다. 때로는 지독한 반감을 일으킨다. 하지만 엄연히 은혜는 모든 사람, 심지어 최악의 악인에게도 희망을 준다. 은혜가 최악의 악인들에게 적용되면 반감이 일어나지만 그 은혜는 우리에게도 어디까지나 은혜다. 창녀와 바리새인, 착한 사람과 못된 사람, 희생자와 가해자까지 모든 사람에게 미치는 은혜가 없으면 희망도 없다.

사도 바울은 말년에 제자 디모데에게 솔직한 편지 한 통을 썼다. 그 편지에 다음 대목이 있다.

그리스도 예수 우리 주께 내가 감사함은 나를 충성되이 여겨 …… 내가 전에는 비방자요 박해자요 폭행자였으나 도리어

> 긍휼을 입은 것은 …… 우리 주의 은혜가 …… 넘치도록
> 풍성하였도다 미쁘다 모든 사람이 받을 만한 이 말이여
> 그리스도 예수께서 죄인을 구원하시려고 세상에 임하셨다
> 하였도다 죄인 중에 내가 괴수니라 그러나 내가 긍휼을 입은
> 까닭은 예수 그리스도께서 내게 먼저 일체 오래 참으심을
> 보이사 후에 주를 믿어 영생 얻는 자들에게 본이 되게 하려
> 하심이라(딤전 1:12-16).

예수님께 구원받기 전 바울은 다른 이름을 갖고 있었다. 다소의 사울. 무시무시한 박해자. 사람들에게 폭력을 행사하던 사람. 기독교의 첫 순교자인 스데반을 돌로 쳐서 죽인 일을 주모한, 피에 굶주린 살인자(행 7:54-60 참조). 예수님께 저지 당하기 전, 더 많은 그리스도인을 무참하게 학살하고자 다메섹으로 달려가던 사울(행 9:1-19; 13:9 참조).

하나님이 히틀러를 닮은 이런 악인의 손을 빌려 신약의 3분의 1을 쓰게 하셨다는 사실이 도무지 믿기질 않는다. 은혜를 통해 사울의 폭력이 온유로, 독한 말이 부드러운 말로, 칼이 상처를 치료하는 연고로, 인종주의가 화해로, 분노가 사랑으로 바뀌었다는 사실이 놀랍기 그지없다. 박해자였던 바울도 예수님을 믿은 대가로 감옥에 갇히고 무참하게 학살당했다는 사실이 놀랍기 그지없다.

은혜를 믿되 이용하지 말 것

/

이것이 우리에게 무엇을 의미하는가? 잠재적인 희생자, 실제 희생자, 희생자를 사랑하는 사람에게 무엇을 의미하는가? 나처럼 악인과 악행에 구역질을 느끼는 사람에게 무엇을 의미하는가? 일단 악인이 무임승차권을 받는 건 아니다. 물론 은혜와 용서는 공짜다. 하지만 신뢰와 스스럼없는 관계는 노력으로 얻어야 하는 것이다.

사람을 학대하고 괴롭힌 전적이 있는 사람에 대해서는 신뢰가 쌓이기 전까지는 경계할 필요가 있다. 폭력적인 박해자였던 다소의 사울이 이제 바울이 되어 은혜와 화해, 평화의 메시지를 전할 사람으로 선택되었다는 성령의 음성에 아나니아란 사람이 바로 이런 행동을 보였다.

> 아나니아가 대답하되 주여 이 사람에 대하여 내가 여러 사람에게 듣사온즉 그가 예루살렘에서 주의 성도에게 적지 않은 해를 끼쳤다 하더니 여기서도 주의 이름을 부르는 모든 사람을 결박할 권한을 …… 받았나이다 하거늘(행 9:13-14).

아나니아는 하나님의 음성을 듣고 나서야 바울에 대한 경계심을 풀었다. 또한 다소의 사울이었던 바울이 선교 여행을 시작하고 교회에 편지를 쓸 정도가 되기 위해서는 무려 14년 동안 은혜의 도를 배우고 교인들의 신뢰를 얻어야만 했다(갈 1:11-2:2 참조).

폭력과 불의가 벌어지면 경계심 외에도 분노가 적절한 반응이다. 희생자의 분노와 희생자를 위한 분노가 있어야 한다. 스스로 폭력과 학대의 희생자였던 시편 기자는 핍박과 폭력에 관해 썼다.

> 그들이 모여 의인의 영혼을 치려 하며 무죄한 자를 정죄하여 피를 흘리려 하나 여호와는 나의 요새이시요 나의 하나님은 내가 피할 반석이시라 그들의 죄악을 그들에게로 되돌리시며 그들의 악으로 말미암아 그들을 끊으시리니 여호와 우리 하나님이 그들을 끊으시리로다(시 94:21-23).

그런 다음에는 가해자에 대한 '신자의' 반응은 두 가지가 가능하다. 한편으로, 가해자가 아무런 후회나 회개의 빛을 보이지 않는다면 개인적으로 적정한 거리를 유지하면서 모든 수단을 동원해서 그의 악에 맞서야 한다. 또한 궁극적으로 모든 일을 심판하고 모든 악을 벌하실 하나님이 때가 되면 완벽한 정의를 이루실 것임을 늘 기억해야 한다.

다른 한편으로, 가해자가 진심으로 회개하고 희생자에게 보상하려고 애쓴다면 은혜를 베풀 여지가 있다. 제프리 다머, 루, 다윗 왕, 사도 바울, 이들은 다 남들에게 피해를 입혔던 생각과 말, 행동을 후회하고 회개했다. 다윗 왕의 경우는 하나님의 용서하시는 은혜로 화해가 가능했다. 시편 51편에 기록된 슬픔과 회복의 기도에서 이 점을 엿볼 수 있다. 다윗은 자신의 간음과 살인, 권력 남용을 극악한 죄로 보시는 하나님과 화해했다. 그리고 그의 희생자 밧세바는 그의 아내이자 '평화'를 뜻하는 솔로몬의 어머니가 됐다.

제프리 다머와 루의 경우는 이생에서는 희생자와의 화해가 불가능에 가깝다. 이런 경우 우리는 여전히 상실의 아픔을 간직하고 있을 그 희생자들을 기억하고 위로하며 그들을 위해 기도해야 한다. 하나님이 그들에게 가해자를 용서할 수 있는 은혜를 주시길 기도한다. 단순히 가해자만을 위해서가 아니라 피해자 자신의 회복을 위해서 용서가 반드시 필요하다. 희생자들이 지금은 이해할 수 없더라도 완벽히 이해될 날이 온다는 사실에서 위로받기를 원한다. 그날 예수님은 만물을 새롭게 하시고 모든 죽음과 애통, 고통을 없애 주겠노라 분명히 약속하셨다.

하나님의 사랑이 지나치다며 고개를 흔들고 있는 사람은? 스스로 하나님의 은혜를 필요로 하면서도 특정한 사람에 대한 하나님의 은혜에는 분통을 터뜨리고 있는 사람은? 바로 나 같은 사람은 하나님의 정의에서 위로 얻기를 바란다. 시편 기자의 말처럼 하나님은 회개할 줄 모르는 극악한 가해자를 끝까지 추적해서 끊으실 것이다. 아울러 은혜가 누구에게나, 심지어 우리에게까지 미칠 만큼 끝없이 넓다는 사실에서도 위로를 얻기 바란다.

내 안에 있는
다윗과 사울

／

  은혜와 가해자에 관한 이야기를 하다 보니 내가 가장 좋아하는 음악가 중 한 명인 수프얀 스티븐스의 노래 하나가 생각난다. 이 노래는 희생자들의 시체를 자기 집 마룻장 아래에 숨겼던 또 다른 연쇄살인범 존 웨인 게이시 주니어의 이야기를 담고 있다. 특히 그 노래의 마지막 소절이 나를 뜨끔하게 만든다.

    최상의 행동을 보일 때도
    나는 그를 꼭 닮았다네.
    마룻바닥 아래를 보라.
    그 안에 내가 숨겨 놓은 비밀이 있으니.[1]

  이 노래를 들을 때마다 나도 가해자요 신성모독자이며 박해자요 폭력적인 사람이라는 사실을 다시금 깨닫는다. 왜냐하면 하나님의 아들이요 '평화'의 왕이신 분을 십자가에 못 박은 것이 다윗 왕과 다소의 사울, 다머, 게이시, 루만이 아니라 나의 죄이기 때문이다. 하나님은 우리 모두에게 긍휼을 베풀어 주신다.

: **저자의 생각 읽기**

하나님의 은혜가 다윗 왕과 다소의 사울 같은 사람에게 미칠 수 있다면 그 누구에게도 미칠 수 있다.

: **성경의 생각 읽기**   시 51편; 딤전 1:12-17

그리스도 예수께서 죄인을 구원하시려고 세상에 임하셨다 하였도다 죄인 중에 내가 괴수니라 그러나 내가 긍휼을 입은 까닭은(딤전 1:15-16).

: **당신의 생각 읽기**

1. 하나님이 은혜와 용서를 베풀지 마셨으면 하는 사람이 있는가? 그런 사람과 '제발 구원을 받았으면 하는 사람'과의 차이점은 무엇인가?

2. 예수님이 지금 당신 앞에 서 계신다면 이 문제에 관해 뭐라고 말씀하실까?

낙태의 기로에 놓인 임신부와 태아

17

생명을
저울질할 수는 없다

낙태 찬반 논쟁, 곧 선택이 우선이냐(pro-choice) 생명이 우선이냐(pro-life) 하는 논쟁에 내 의견을 공개적으로 밝히는 것은 언제나 부담스럽다. 양측의 입장이 첨예하게 대립해 있어 어느 한 편을 들었다가는 당장 무시무시한 비판이 날아온다. 하지만 최근에 어린 자녀를 둔 부모들을 생각해서 이 주제로 설교를 하겠다는 뜻을 이메일로 온 교회에 밝혔다. 역시나 설교도 하기 '전에' 강한 표현을 담은 다양한 의견이 쇄도했다. 슬슬 꼬리 내릴 생각이 들기 시작했다. '아무래도 설교 주제를, 사람을 먹는 것은 악이다로 바꿔야겠어. 이 문제에 대해서는 아무도 이의를 달지 않겠지.' 괜히 벌집을 들쑤시고 싶지 않았다. 누구에게도 미움을 받고 싶지 않았다.

하지만 그때 목사로서 내 소명은 듣기 좋은 소리든 듣기 거북한 소리든 하나님의 말씀을 있는 그대로 전하는 것임이 생각났다. 하나님의 말씀을 선택적으로 전하는 것은 사기꾼이요 겁쟁이일 뿐이다. 그래서 결국 계획대로 밀고 나가기로 했다. 하지만 설교하기에 앞서 낙태 반대와 낙태 찬성 진영 양쪽의 여러 의료 전문가에게 자문을 구했다. 개중에는 낙태 시술자들도 있었다. 이 문제에 관해 공개적으로 이야기하려면 먼저 양쪽의 의견을 모두 들어 보는 게 옳다고 판단했다. 그렇게 두루 의견을 듣고 각 의견을 성경의 체로 걸러 얻은 결론을 이제부터 설명해 보겠다.

과열된 논쟁, 그릇된 방향으로 흐르다

나는 누구의 권리가 가장 중요한지가 낙태 찬반 논쟁의 핵심이라고 생각한다. 어머니의 권리가 더 중요한가? 그 자궁 속에 있는 태아의 권리가 더 중요한가? 나는 둘 다 중요하다고 믿는다.

야고보는 초대 교회에 보낸 편지에서 편파성을 경계했다. 이 편지에서 그는 인간관계와 관련해서 예수님이 주신 가장 큰 계명(네

이웃을 네 몸처럼 사랑하라)을 다시 소개하면서 1세기 교회의 편파성을 지적했다(약 2:1, 8 참조). 당시 교회에서는 돈과 권력, 인기를 지닌 사람에게 편파적으로 특권이 쏠려 있었다. 야고보에 따르면 이것은 잘못된 일이었다. 교회에서는 부자나 가난한 사람이나 유명인이나 무명인이나 건강한 사람이나 장애인이나 어머니나 태아나 상관없이 모두가 하나님의 형상을 품은 존재이기 때문에 모두가 똑같이 VIP 대접을 받아야 한다. 마틴 루터 킹 주니어의 말처럼 "하나님의 형상에는 등급이 없다. …… 하나님은 우리가 형제와 자매로 함께 살며 모든 사람의 존엄과 가치를 존중하도록 창조하셨다.[1]

이런 면에서 낙태 찬반 논쟁은 그릇된 방향으로 흐르고 있다. 어느 쪽도 완전히 무자비하다고 말할 수 없지만 어느 쪽도 모든 인간의 존엄성을 제대로 존중하는 모습을 보여 주지 못했다. 물론 나는 고아를 돌보고 입양하며 무료 봉사를 하는 등 엄마들과 아이들을 돕는 낙태 반대론자를 많이 알고 있다. 하지만 과열된 정치 논쟁과 다툼 속에서 이런 모습이 온데간데없이 사라져 버리는 경우가 너무도 많다. 어느 쪽도 상대 진영에게 주장에 걸맞은 모습을 보여 주지 못했다.

낙태 반대론자는 양 당사자 중 한 명, 즉 어머니가 모든 선택권을 가진다는 점에서 '선택 우선'이란 표현이 적절하지 않다고 주장한다. 의사결정권은 어머니가 100퍼센트 가지고 있고 뱃속의 아기는 아무런 의사결정권이나 목소리, 자기방어 능력이 없다. 모든 여성이 자기 몸에 대한 통제권을 가져야 한다는 주장도 말이 되지 않는다. 자궁 속에 있는 태아의 약 50퍼센트가 자기 몸에 대한 선택권이 없는 여성이니까 말이다.

반대로, 낙태 찬성론자는 '생명 우선'이란 표현이 적절하지 않다고 주장한다. 실제로 한 낙태 시술자에게서 그런 말을 들은 적이 있다. "아시다시피 소위 생명 우선이란 주장은 오직 한 종류의 생명에만 적용됩니다. 제 경험으로 볼 때 아기가 태어나면 대개 낙태 반대론자는 다 어디론가 사라져 버립니다." 계속해서 그는 낙태를 하러 오는 여성의 60퍼센트 이상이 혼자이며 가난하게 산다고 말했다. 대부분은 아기를 지우지 않으면 버리겠다고 위협하는 남편이나 남자 친구, 심지어 부모의 협박에 못 이겨 그를 찾아온다고 했다.

보이지 않는 곳에서 임신부들을 위해 애쓰는 낙태 반대론자도 많지만 이 의사는 많은 임신부가 이 비극적인 선택을 강요당하고 있는 현실에 우려를 표하는 낙태 반대론자를 한 번도 본 적이 없다고 말했다.

괴롭힘을 당하는 약자의 편을 든다는 점에서는 둘 다 옳다. 하지만 한 쪽만을 챙기고 다른 쪽을 완전히 무시한다는 점에서는 둘 다 옳지 않다. 둘 다 야고보가 말하는 참 종교와 온전히 일치하지 않는다. 참 종교란 과부와 고아를 모두 돌보는 종교다. 즉 약한 여자와 약한 아이를 모두 챙겨야 한다. 어머니와 아이를 모두 챙기지 않은 종교는 한 쪽으로 치우친 종교다. 둘 다 챙기기 전까지는 우리의 종교는 참된 것이 아니다.

낙태는
살인에 해당하는가

생명 우선을 외치는 사람들은 성 윤리와 인권에 초점을 맞춘다. 그들은 하나님의 명령이 무시되면 불의가 발생하게 된다는 점에 주목한다. 야고보는 "간음하지 말라 하신 이가 또한 살인하지 말라 하셨은즉"(약 2:11)이라고 말했다. 낙태 반대론자는 사람들이 간음과 살인을 멈추면 낙태 문제는 자연스럽게 해결될 거라고 말한다.

이런 주장은 아기를 지우는 것이 살인과 동일한지 아닌지 하는 질문을 제기한다. 상황에 따라 아기를 지우는 것이 자비로운 행위일 수 있을까? 낙태가 아이를 낳았을 때 발생할 수 있는 사람들의 손가락질, 경제적 부담, 장애 같은 '문제'를 덜어 준다는 점에 대해서는 어떻게 해석해야 할까?

흥미롭게도 구약의 중요한 인물 두 명이 바로 이런 질문과 씨름했다. 둘 다 힘들어도 끝까지 살아야 할지를 놓고 고민했다. 욥은 전 재산과 사업, 아내의 존경, 열 명의 자녀를 모조리 잃은 비극의 희생자였다. 선지자 예레미야는 사랑과 섬김을 받아야 할 모든 사람에게 오히려 미움을 받아 도망을 다녔다. 두 하나님의 사람은 같은 감정을 표현했다. "태어나지 않았으면 좋으련만"(욥 3:11; 렘 20:14 참조).

예레미야는 더 심한 표현까지 서슴지 않았다. "내 생일이 저주를 받았더면, 나의 어머니가 나를 낳던 날이 복이 없었더면, 나의 아버지에게 소식을 전하여 이르기를 당신이 득남하였다 하여 아버지를 즐겁게 하던 자가 저주를 받았더면 …… **이는 그가 나를 태에서 죽이지 아니하셨으며** …… 어찌하여 내가 태에서 나와서 고생과 슬픔을 보며 나의 날을 부끄러움으로 보내는고"(렘 20:14-18).

낙태 찬성론자는 이렇게 말할지도 모르겠다. "자, 보세요. 심지어 하나님의 선지자조차도 낙태되기를 원했지 않습니까?" 얼핏 예레미야의 말은 '삶의 질'이 최우선이라는 주장을 옹호하는 말처럼 들린다. 삶의 질을 최우선시하는 사람들은 고통스러운 삶을 지속시키느니 빨리 끝내 주는 것이 오히려 자비로운 행위라고 말한다.

하지만 예레미야나 욥이 정말로 그렇게 생각했다면 자살 충동을 실행에 옮겨 목숨을 끊었을 것이다. 고통스럽고 슬픈 삶을 끝내 주는 것이 긍휼이라면 왜 둘 다 스스로 목숨을 끊지 않았을까? 내가 볼 때 그것은 태어난 날을 저주한 것은 단순히 순간의 감정을 날 것 그대로 표현한 것이기 때문이다. 그 감정은 지극히 실질적이었지만 진심은 아니었다. 욥과 예레미야처럼 많은 사람이 살기 싫다는 말을 해도 가장 중요한 것은 삶의 '질'이 아니라 삶의 '가치'라는 점을 내심 이해한다.

예레미야가 스스로 목숨을 끊지 않은 것은 아마도 오래전에 하나님이 그를 향해 선포하셨던 말씀 때문이었을 것이다. "내가 너를 모태에 짓기 전에 너를 알았고 네가 배에서 나오기 전에 너를 성별하였고 너를 여러 나라의 선지자로 세웠노라"(렘 1:5). 성경의 다른 곳에서도 비슷한 개념이 나타난다. "주께서 내 내장을 지으시며 나의 모태에서 나를 만드셨나이다 …… 내 형질이 이루어지기 전에 주의 눈이 보셨으며 나를 위하여 정한 날이 하루도 되기 전에 주의 책에 다 기록이 되었나이다"(시 139:13, 16). 천사는 세례 요한에 관해 "모태로부터 성령의 충만함을 받아"(눅 1:15)라는 말을 했다. 구약에서 유아에 해당하는 히브리어 '옐레드'(yeled)는 태아에게도 똑같이 사용된다.

성경은 정자와 난자가 결합하는 순간부터 하나님의 형상을 품은 새로운 생령이 탄생한다고 분명히 가르친다. 임신 순간부터 하나의 새로운 인간이 시작된다.

성경을 믿는 사람만 이 점에 동의하는 게 아니다. 내가 만났던 낙태 시술자도 그동안 낙태를 시술할 때마다 지독한 구역질을 느꼈다고 고백했다. 그러다 다운증후군에 걸린 손자가 태어났을 때 그는 다시는 다운증후군 아기를 낙태시키지 않겠노라 결심했다. 또한 그는 인간의 생명이 임신 순간부터 시작되기 때문에 태아를 죽이는 것은 곧 인간 생명을 해치는 것이라고 말했다. 물론 인간 생명에 대한 그런 신념에도 불구하고 수없이 낙태를 행했다는 사실은 안타깝다. 그래도 양심의 찔림을 느꼈다는 사실에 대해서만큼은 인정해 줄 만하다.

이것이 '선택'의 편에 선 사람들 앞에 놓인 도덕적 난제다. 가장 약한 인간이 아무런 선택이나 방어할 힘도 없이 죽어 가는 상황에서 여성의 낙태 권리를 옹호하는 것이 과연 정의인가? 정의가 진정한 정의가 되려면 가장 취약하고 무기력하고 방어할 힘도 목소리도 없는 존재들이 가장 보호와 옹호를 받아야 마땅하다.

야고보는 이렇게 썼다. "긍휼을 행하지 아니하는 자에게는 긍휼 없는 심판이 있으리라"(약 2:13). 따라서 이는 심각한 문제다.

자비 없는 이웃 사랑이 가능한가

낙태 반대론자는 낙태 찬성론자가 자궁 속의 태아를 적극적으로 공격한다고 비난하는 반면, 낙태 찬성론자는 낙태 반대론자가 취약한 임신부를 수동적으로 공격한다고 비난한다.

낙태 반대론자는 자신이 이웃을 내 몸처럼 사랑해야 한다는 명령에 순종하는지 진지하게 돌아볼 필요가 있다. 그렇지 않으면 스스로를 속일 수 있다. 이웃을 정말로 사랑한다면 자비를 베풀어야 한다. 자비를 베풀지 않고 태아를 위하는 것은 가장 진정성 있고 포괄적인 의미에서 생명을 위한다고 말할 수 없다.

　자비를 베푸는 것은 고통받는 사람들의 짐을 벗겨서 우리의 어깨에 짊어지는 것이다. 자비는 창피와 외로움, 상처를 겪는 사람의 입장 속으로 들어가는 것이다. 만약 나 자신이나 내가 사랑하는 사람이 뜻하지 않게 임신했다면? 내가 가난하게 사는 미혼의 임부라면? 내가 남자 친구에게 강간을 당한 대학생이라면? 내가 남편이나 남자 친구에게 낙태의 압박을 받고 있다면? 내가 아기를 지우지 않으면 이름을 호적에서 삭제하겠다는 부모의 으름장에 시달리는 10대 소녀라면? 그 소녀가 나의 여동생이나 딸이라면?

　이건 가정이 아니라 실제 상황이다. 나와 친한 사람 중에 낙태를 절대 시술하지 않고 '생명 우선'을 절대적으로 주장하는 산부인과 의사가 있다. 한번은 그가 생각만 해도 소름이 끼치는 상황에 처한 환자 이야기를 해 주었다. 어린 임신부가 괴로운 얼굴로 그의 병원에 찾아왔다. 그 아이는 왜 임신했고, 왜 괴로워하고 있었을까? 일단의 흉악범이 그 아이의 방으로 난입해 열 살짜리 그 아이를 돌아가며 유린했다.

　그 아이는 열 살이었다. 진정으로 이 아이나 부모의 입장에서 생각한다면 과연 자궁 속의 아기로 인해 이 여자 아이에게 무조건 법의 잣대를 들이댈 수 있을까? 자궁 속의 아이만 생각하는가? 아이를 배고 있는 또 다른 이 아이는 어쩌는가? 그저 생명 우선만 외치면 되는 걸까? 이 열 살짜리 소녀와 그 부모에게 아무런 도움도 주지 않으면서 그저 "살인하지 말라. 알아들었으면 이제 평안히 가라. 따뜻하게 지내라. 영양 많은 음식을 챙겨 먹어라. 나는 다시 시위를 하러 갈 테니 몸조심하라"라며 성경 구절만 들이대는 게 과연 옳을까?(약 2:16 참조)

이것은 그 옛날 서기관과 바리새인이 자주 하던 짓이다. 그들은 사람들에게 간음하지 말고 살인하지 말라는 등 하나님의 법을 지키라고 닦달하기만 할 뿐 그들의 짐을 덜어 주기 위해서는 손가락 하나 까딱하지 않았다.

하나님 나라 비전을 택하라

나는 낙태에 관한 정치 비전을 초월해 하나님 나라의 비전을 채택하는 것만이 옳은 방향이라고 믿는다. 낙태 찬반 논쟁이 계속해서 정치 논쟁으로만 흐르면 영원히 답은 없다.

그렇다면 하나님 나라의 비전은 어떤 모습일까? '팍스 로마나'(Pax Romana)에서 단서를 얻을 수 있다. '로마의 평화'를 뜻하는 '팍스 로마나'는 1세기와 2세기 로마 압제 시대에 권력자들이 만들어 낸 용어다. 당시는 사회다윈주의(Social Darwinism)가 지배하던 세상이었다. 그래서 권력자가 자신에게 유리한 방향으로만 정의를 제멋

대로 정의했다. 약자들은 그 정의를 따르는 것 외에 아무런 선택권이 없었다. 한 역사학자에 따르면 '곽스 로마나'는 권력자가 모든 반대자를 억압해서 저항할 힘마저 빼앗고 약자와 고통받는 자들에게 그 어떤 법적 보호도 제공하지 않은 채 무조건 복종을 강요하는 시대였다.

히틀러의 독일과 마찬가지로 과부, 환자, 장애인, 빈민, 원치 않게 태어난 아이들 같은 특정 부류의 사람은 언제라도 버릴 수 있는 사회의 부담으로 여겨졌다. 그들을 위한 인권 따위는 없었다. 고고학자들은 멀리 출타한 사업가가 임신한 아내에게 쓴 편지 한 통을 발견했다. 그 사업가는 아이의 출산 예정일에 맞춰 집에 돌아올 수 없게 되자 아내에게 남자 아이면 살리고 여자 아이면 버리라는 편지를 보냈다.

그런 가혹한 세상 속에 하나님 나라의 비전으로 사는 예수의 사람들이 나타났다.

> 자기 재물을 조금이라도 자기 것이라 하는 이가 하나도 없더라 …… 그중에 가난한 사람이 없으니 이는 밭과 집 있는 자는 팔아 그 판 것의 값을 가져다가 사도들의 발 앞에 두매 그들이 각 사람의 필요를 따라 나누어 줌이라 (행 4:32-35).

고대 로마에서 예수의 사람들은 마더 테레사가 국가조찬기도회에서 미국 대통령에게 했던 것과 비슷한 말을 로마 황제에게 했다. "제발 아이를 죽이지 말고 제게 주세요!"

초대 교인들은 고통에 처한 사람을 돕는 삶으로 로마 황제에게 이런 메시지를 던졌다. "우리가 당신네 나라의 환자들을 돌보겠다. 우리가 당신네 나라의 굶주린 사람들을 먹이겠다. 우리가 당신네 과부들에게 거처를 마련해 주겠다. 우리가 고아들을 입양해 기르겠다. 산모들을 돌보겠다."

AD 3세기, 로마 사회는 근본적으로 변했다. 한 역사가의 표현에 따르면, 로마 사회는 "사랑에 전염"되었다. 심지어 "배교자 줄리안"으로 역사책에 기록됐던 줄리안 황제도 자신의 친구에게 보낸 편지에서 그리스도인이 로마의 약자들을 로마인보다도 더 잘 돌보는 바람에 "기독교 종파"의 성장이 걷잡을 수 없게 되었다고 인정했다.[2]

그렇다면 지금 우리는 어떻게 해야 할까? 우리 교회에 다니는 한 의사가 쓴 글의 발췌문으로 답을 대신하고 싶다.

> 우리 삶과 믿음의 중심은 우리를 지극히 사랑하사 우리를 위해 목숨까지 내어놓으신 분이다. …… 그래서 우리가 어떻게 해야 하는가? 첫째, 살인하지 마라. 이는 이 문제에서 양 진영 모두에게 해당되는 명령이다. 무고한 생명을 독단적으로 없애는 것은 명백한 잘못이며 성경에서 허락하지 않고 있지만

어떤 이슈에서 반대편 입장에 선 사람을 비난하고 미워하는 것도 역시 잘못이다. 둘째, 입장을 바꿔 생각하면서 자신이 대접받고 싶은 대로 남들을 대접하라. 당신이 상대방에 대해 결정을 내리는 사람이라고 상상해 보라. 자궁 속의 생명을 지키기 위해 싸우되 눈앞에 서 있는 사람을 잊지 마라.
관계를 쌓고 공동체를 이루라. 이미 충분히 상처가 나 있다. …… 나는 낙태가 잘못이라고 믿는다. 나는 하나님이 생명을 주시는 분이라고 믿는다. 그리스도인으로서 나는 이 문제에서 성경 윤리를 우선시하는 사회를 지지한다. 성경 윤리를 지킬 때 인간이 번영한다고 믿기 때문이다.

결혼을 했든 안 했든 상관없이 모든 엄마를 환영하고 사랑해 주며 모든 엄마와 그 아이의 필요를 채워 주는 공동체가 존재하면 얼마나 좋을까? 모든 교회가 교회의 본분을 다한다면 우리 중에 가난하거나 무시당하거나 비참하게 사는 사람들은 없을 것이다.

요컨대, 나는 낙태가 단지 불법이라서가 아니라…… '사랑'으로 인해 낙태를 생각조차 할 수 없는 세상이 되기를 바란다. 즉 모든 아이와 모든 엄마들에게 줄 사랑을 준비하는 사회, 이를 위한 방법을 찾으려는 대화가 충분히 이뤄지는 공동체를 꿈꾼다.

: **저자의 생각 읽기**

여성을 위하는 것과 태아를 위하는 것은 동전의 양면이다. 둘 다 중요하다.

: **성경의 생각 읽기**   시 139:13-14; 약 1:27

하나님 아버지 앞에서 정결하고 더러움이 없는 경건은 곧 고아와 과부를 그 환난 중에 돌보고 또 자기를 지켜 세속에 물들지 아니하는 그것이니라(약 1:27).

: **당신의 생각 읽기**

1. 왜 사람들이 낙태 찬성을 외친다고 생각하는가? 왜 사람들이 낙태 반대를 외친다고 생각하는가?

2. 임신부와 태아를 둘 다 챙겨야 한다는 이 책의 주장이 어떤 면에서 공감이 가는가? 어떤 면에서 공감하지 못하겠는가?

도피처를 찾아 떠도는 난민

18

담장 안에만 머무는 사랑은 사랑이 아니다

최근 내가 목회하는 교회에 대한 감사와 자긍심으로 가슴이 터질 것만 같았다. 그리스도장로교회의 교인들은 파격적인 나눔으로 명성이 자자하다. 우리 교인들은 성경의 글자 하나까지도 그대로 믿을 정도로 신학에 대해서는 보수적이지만, 사랑을 실천할 때는 자유롭기 짝이 없다. 좁은 길을 걷지만 팔만큼은 한없이 넓게 벌리고 있다. 그들은 예수님을 위대한 의사이며 짐을 대신 져 주시는 분으로 믿기에 스스로도 치유자요 운동가가 됐다.

우리 교회의 전체 헌금 중 30퍼센트 이상이 내슈빌을 넘어 전 세계의 선교 동역자에게 흘러들어간다. 특히 우리 교회는 가난하고 소외되고 압제당하는 사람에게 특별한 관심을 쏟고 있다. 2010년 우리 도시에 역사상 유례 없는 홍수가 일어났다. 그때 우리 교인들은 스스로도 피해를 입었으면서도 너나없이 나서서 이재민을 도왔다. 많은 교인이 자기 집과 지갑을 열어 신음하는 사람의 짐을 함께 져 주었다.

인신매매와 싸우고, 과부와 고아를 돌보며, 굶주린 사람을 먹이고, 인종 및 계급 간 화해를 이끌어 내고, 열악한 지역과 학교에 새로운 생명을 불어넣으며, 실직자 문제 해결을 위한 물꼬를 트는 일까지. 내슈빌의 어느 비영리 단체 모금 행사장에 가도 지갑을 손에 들고 서 있는 우리 교인들의 모습을 볼 수 있다. 무엇보다 단순히 돈만 내놓는 게 아니라 언제나 팔을 걷어붙이고 나선다. 수백 명의 우리 교인이 내슈빌을 비롯한 여러 곳의 구호 활동에 정기적으로 참여하고 있다. 개중에는 거의 매일같이 참여하는 사람들도 있다.

피난처를 찾는
영혼들이 있다

/

제2차 세계대전 이후로 우리 세상은 최악의 인도주의적 위기를 맞고 있다. 수년 동안 수많은 시리아의 남녀와 아이들이 목숨의 위협을 느껴 조국을 탈출했다. 현재 거의 1,600만 명에 달하는 사람들이 무자비한 종교적 사회정치적 박해로부터 탈출구를 찾고 있다. 안타깝게도 IS가 해변에서 자행한 참수 동영상을 보내고 나서야 서구 사회가 시리아의 위기에 관심을 갖기 시작했다. 얼마 뒤에는 해변에서 죽은 '아일란'이란 난민 소년의 사진이 전 세계로 퍼져 나갔다.

. 아일란의 사진이 공개되자 수많은 사람이 충격에 빠졌지만 곧 억만장자가 대통령에 출마하는 리얼리티 쇼, 영화 〈록키〉의 주제가 〈아이 오브 더 타이거〉(Eye of the Tiger)가 울려 퍼지는 가운데 종교적 자유를 외치는 켄터키 주의 한 점원을 비롯한 몇몇 문화 전사들의 집회, ESPYS 시상식장에서 트렌스젠더 케이틀린 제너로 축하를 받은 브루스, VMA 시상식장에서 마일리에게 욕한 니키, 힐러리의 이메일 스캔들, 요동치는 다우존스 산업평균지수 같은 국내의 다른 뉴스로 관심을 돌렸다.

방금 전 내 말투에서 짜증이 느껴졌다면 너그러이 용서해 주길 바란다. 아울러 이 지독한 아이러니에 대한 공분을 요청한다. 1,600만 명의 영혼이 피난처와 예수의 이름으로 제공되는 시원한 물 한 잔을 찾고 있는데, 어떻게 이런 이슈로 그토록 빨리 관심을 돌릴 수 있단 말인가!

이것이 내가 우리 교인들을 자랑스러워하는 이유다. 물론 그들의 머릿속에도 이런 이슈가 있겠지만 그들의 '가장 큰' 관심사는 같은 인간, 피난처를 찾고 있는 1,600만 명의 영혼들이다. 이는 그들이 외지인과 낯선 이를 환대하고 취약한 사람을 위한 도피성을 세우라는 하나님의 명령을 늘 기억하고 살아가기 때문이다. 하나님이 '온' 세상을 지극히 사랑하신다는 사실을 너무도 잘 알아서다.

> 거류민이 너희의 땅에 거류하여 함께 있거든 너희는 그를 학대하지 말고 너희와 함께 있는 거류민을 너희 중에서 낳은 자 같이 여기며 자기같이 사랑하라 너희도 애굽 땅에서 거류민이 되었었느니라 나는 너희의 하나님 여호와이니라(레 19:33-34).

> 하나님이 세상을 이처럼 사랑하사 독생자를 주셨으니(요 3:16).

목사이자 저자인 J. D. 그리어는 최근 트위터에 이런 글을 남겼다. "우리가 움켜쥘 때가 아니라 내려놓을 때 하나님이 그분의 나라를 세우신다."[1] 내가 지난주에 보고 경험한 것이 바로 이런 '내려놓음'이었다.

우리 교회의 선교팀은 사역자들에게 시리아 난민을 돌보는 일에 우리 교인을 '반드시' 동원해야 한다는 이메일을 돌렸다. 그리고 곧바로 선교 책임자 캐미 베시는 난민 돕기 참여를 위한 웹 사이트 구축, 7만 달러 이상의 모금과 즉각 예산 집행, 현장에 파견된 주요 구호 단체와 협력, 난민을 지속적으로 도울 인력을 개발하기 위한 훈련 프로그램으로 이어지는 일련의 활동을 펼쳤다.

내슈빌은 매년 천 명 이상의 난민을 받는다는 점에서 일종의 도피성이다. 그 주 내내 우리 교인들은 목마른 영혼의 손에 시원한 물 한 잔을 쥐어 주기 위해 자신의 집과 돈, 시간, 심지어 삶까지 전부 내놓았다. 지금은 다른 교회도 이 노력에 동참하고 있다. 난민 구호 단체 지도자들은 많은 교회가 어떻게 참여하게 되었냐는 질문에 그리스도장로교회가 본을 보였다고 대답했다. 운동이 형체를 갖춰 가는 모습을 지켜보노라니 실로 가슴이 벅차오른다.

하나님은 내 조국만 축복하신다?

2003년 코미디 영화 〈헤드 오브 스테이트〉에서 크리스 록은 전혀 뜻밖의 미국 대통령 후보 메이스 길리암으로 분했다. 솔직히 영화 내용은 거의 기억나지 않는다. 하지만 딱 하나, 길리암의 정적인 부통령 브라이언 루이스가 모든 선거 연설의 마지막에 했던 대사만큼은 똑똑히 기억이 난다. "하나님은 다른 곳은 말고 오로지 미국만 축복하십니다."[2]

물론 코미디 영화니까 웃고 넘어갈 수 있다. 이 대사는 표를 얻기 위해 막말도 서슴지 않는 허풍쟁이 정치인을 풍자한 것일 뿐이다. 하지만 실제로 국내에도 처리할 일이 산재해 있는 마당에 미국이 왜 시리아 같은 다른 나라 일까지 챙겨야 하냐고 불평하는 사람이 적지 않다.

곳간에서 인심이 난다는 말이 있다. 물론 자신의 집부터 돌보지 않으면 남의 집을 돌볼 여력이 있을 수가 없다. 하지만 자신의 집부터 돌봐야 한다는 말은 결국 자기 집만 돌보겠다는 말을 둘러댄 표현일 때가 많다.

하지만 하나님이 '온' 세상을 지극히 사랑하신다고 믿는 그리스도인들, 이를테면 켄 레깃과 캐미 베시, 그리고 두 사람이 시작한 운동에 동참한 사람들은, 하나님이 전 세계를 향한 사랑을 원하시는 온 우주의 하나님이심을 잘 알고 있다. 자기 집에서 시작해서 자기 집에서 끝나는 사랑은 사실상 사랑이 아니다. 그것은 좋게 말하면 근시안적이고, 심하게 말하면 이기적인 태도일 뿐이다. 집에서 시작해서 밖으로 뻗어나가는 사랑이야말로 천국이 기뻐하는 사랑이다. 그것이 모든 나라와 민족과 방언의 하나님, 예루살렘과 유대와 사마리아를 넘어 땅끝까지 온 세상을 위하시는 하나님을 진정으로 경외하는 사랑이다.

최근 아내와 나는 정의를 위해 싸우는 월드비전 대표 리처드 스턴스와 한 식탁에서 저녁 식사를 하는 영광을 누렸다. 식사 도중에 중동에 관한 이야기가 나왔는데, 그때 스턴스는 매우 도발적이면서 '복음적인' 말을 했다. 그는 연민이 가득한 눈으로 식탁 주변을 쭉 돌아보며 말했다. "만약 IS가 해변에서 그리스도인을 참수하는 동안 불과 몇 킬로미터 떨어진 곳에서 그리스도인이 시리아 이슬람교도를 먹인다면 어떻게 될까요?"

1,600만 명의 영혼들이 피난처를 찾고 있는 지금, 우리 모두가 스턴스의 물음에 진지하게 고민해야 마땅하다. '브릴리언스'란 그룹의 예언적인 다음 가사를 가슴에 새겨야 마땅하다.

　　내 적의 얼굴을 뚫어져라 쳐다보면
　　내 형제가 보인다. ……
　　온 인류를 하나로 묶는 상처들.[3]

최후의 심판 날, 왕이신 예수 그리스도가 양과 염소, 참된 신자와 종교적인 외식주의자를 나누실 것이다. 왕의 넘치는 사랑 안에서 살고 그분의 무조건적인 환영과 환대를 경험한 후에 스스로 남들을 환영하고 사랑하게 된 사람들. 외지인과 낯선 이를 받아 주고, 지극히 작은 자를 돌보고, 굶주린 자에게 음식을 주고 목마른 자의 목을 축여 주고 집 없는 자에게 쉴 곳을 제공하기 위해 크든 작든 노력한 사람들. 이런 사람이 바로 참된 신자들이다. 그들은 왕이신 예수님께 환영을 받을 것이다. "네가 지극히 작은 자에게 한 것이 바로 내게 한 것이다." 그날 주님이 그렇게 말씀하실 것이다.

반면, 종교적인 외식주의자는 죽은 신학, 행위 없는 믿음, 누구도 환영할 줄 모르는 마음과, 집에서 시작해 집으로 끝나는 가짜 사랑이 적나라하게 드러나는 창피를 당할 것이다. 종교적인 외식주의자는 자기 마음과 삶 주변에 담을 쌓고 살아간다. 그 담 안에서는 모든 것을 깔끔하고 예측 가능하고 통제 가능하게 유지할 수 있다. 그 담 안에서는 사랑의 부담과 불편, 희생을 감수할 필요가 없다. 하지만 그 담은 그들이 애초에 예수님의 한없이 넓고 변화시키는 사랑을 경험한 적 없다는 사실을 여실히 드러낼 뿐이다.

모든 사람이 난민들을 직접 돌보도록 부름받은 건 아니다. 하지만 모든 그리스도인이 '가난한 자에게 복된 소식을 선포하고, 포로된 자에게 자유를 주며, 눈 먼 자의 시력을 회복시켜 주고, 억압받는 자를 해방시키는' 그리스도의 선포된 사명에 동참하여 크든 작든 손을 보태도록 부름을 받았다(눅 4:18 참조).

도피성이 절박한
우리를 받아주신 분

/

양과 염소에 관한 성경 구절을 읽을 때면 때로 내가 양과 참된 신자보다 염소와 외식주의자에 가깝게 느껴진다. 26년간 예수님을 믿어 왔고 17년간 목회를 해 왔지만 아직도 갈 길이 멀다. 세상의 절반 이상이 아파하고 굶주림으로 죽어 가는데 나는 틈만 나면 과식을 한다. 세상의 절반 이상이 하루에 2.5달러 이하로 근근이 입에 풀칠만 하는데 나는 매일같이 사치를 부린다. 1,600만 명의 영혼이 자연 재해와 사투를 벌이며 도피성을 갈망하는데 나는 두 대의 차와 널찍한 집 정원에 그릴을 갖추고서 자연 재해를 더욱 심화시키는 도시에서 살고 있다.

내가 세상의 문제를 없애기 위해 충분히 노력하지 않는다는 사실로 인해 죄책감이 몰려올 때마다 '감사하게도' 구조와 피난처가 필요한 사람은 가난한 난민만이 아니라는 사실을 다시금 깨닫는다. 나처럼 부유한 난민도 가난하셨던 구원자가 주시는 구원과 피난처를 필요로 한다.

예수님이 외지인과 낯선 사람, 난민에게 그토록 관심을 가지셨던 것은 아마 그분도 외지인이요 낯선 사람이며 난민이셨기 때문이 아닐까 싶다. 예수님이 세상에 태어나실 때는 그분이나 그분의 부모를 위한 여관방 하나 없었다. 대신 모든 위협에 노출되어 있는 동물의 쉼터가 그분 가족의 난민 캠프가 됐다. 그분의 가족은 실제로 난민이었다. 과대망상증에 빠진 헤롯 왕이 유대의 메시아가 탄생했다는 소문을 듣고 온 땅에서 갓 태어난 남자 아이의 씨를 말리기 위해 무고한 생명의 학살을 명령했기 때문이다. 이 난리 통에 마리아와 요셉은 예수님을 데리고 담 없는 도시와 집, 마음을 찾아 도망쳤다.

예수님의 시련은 거기서 끝이 아니었다. 살인마 헤롯에게서 탈출한 뒤 예수님은 고난으로 순종을 배우며 자라가셨다. 그 고난에는 성인 시절의 가난과 떠돌이 삶이 포함되었다. "인자는 머리 둘 곳이 없다"(마 8:20). 빌린 거처에서 세상으로 들어오신 예수님은 나중에 최후의 만찬(혹은 첫 번째 주의 만찬) 때도 빌린 방에서 제자들을 먹이셨다. 예수님은 빌린 나귀를 타고 입성하셨으며 빌린 무덤에 안치되셨다. 예수님은 집을 찾지 못하다가 악과 피로 물든 파도에 휩쓸려 간 난민이었다.

왜 예수님은 그런 학대를 참아 내셨을까? 본래 하나님이신 분이 왜 낮아져서 죽기까지 순종하셨을까? 그것은 그분의 잔칫상을 예루살렘만이 아니라 유대와 사마리아, 나아가 무한한 자비로서 우리 앞까지 펼치시기 위함이었다. 그렇다. 우리는 세상 끝의 일부다.

현재 미국은 세상에서 가장 부유한 나라이지만 행복 순위에서는 15위에 불과하다.[4] 목숨을 부지하기 위해 도망치지는 않을지라도, 물질적으로는 풍족한 삶을 살지라도 영적, 정서적, 관계적으로는 텅 빈 삶을 사는 사람이 너무도 많다. 세계 1위의 부국에 살면서도 "조용한 절망의 삶"에 빠져 있는 사람이 참 많다.[5]

우리는 또 다른 종류의 난민이다. 우리도 시리아인처럼 다른 땅에서 오는 구원을 절실히 필요로 한다. 상황은 다르지만 우리도 그들 못지않게 절박하다. 우리도 도피성을 찾는 무기력한 난민이다.

하나님의 도성으로 들어가라. 국경이 없는 도성. 난민에게 문을 활짝 열어 주는 도성. 이 난민들은 부자일 수도 있고 가난한 사람일 수도 있다. 이타적인 사람일 수도 있고 이기적인 사람일 수도 있다. 과식하는 사람일 수도 있고 굶주리는 사람일 수도 있다. 리얼리티 쇼의 억만장자일 수도 있고 목숨을 부지하기 위해 도망치는 사람일 수도 있다. 유명할 수도 있고 무명인일 수도 있다. 좌파일 수도 있고 우파일 수도 있다. 황인종일 수도 있고 아프리카계일 수도 있고 백인일 수도 있다. 시리아인일 수도 있고 미국인일 수도 있다. 그렇다. 하나님의 도성에는 우리 모두를 위한 자리가 있다.

예수님은 가난한 분으로서, 자신의 식탁에 심령이 가난한 부자를 위한 자리를 마련해 주신다. 예수님은 집 없는 난민으로서, 집 안에서 공허하게 사는 사람에게 집을 제공해 주신다. 예수님은 보잘것없는 작은 동네 나사렛에서 태어나 십자가에서 돌아가신 목수로서 라오디게아의 부유한 유력인사에게 다음과 같이 말씀하셨다.

> 네가 말하기를 나는 부자라 부요하여 부족한 것이 없다 하나 네 곤고한 것과 가련한 것과 가난한 것과 눈 먼 것과 벌거벗은 것을 알지 못하는도다(계 3:17).

이 문제에 대한 예수님의 해법은? 꾸짖음이 아니라 초대였다.

> 볼지어다 내가 문 밖에 서서 두드리노니 누구든지 내 음성을 듣고 문을 열면 내가 그에게로 들어가 그와 더불어 먹고 그는

나와 더불어 먹으리라(계 3:20).

이 예수님이 우리에게도 말씀하셨다.

너희는 마음에 근심하지 말라 하나님을 믿으니 또 나를 믿으라 내 아버지 집에 거할 곳이 많도다 그렇지 않으면 너희에게 일렀으리라 내가 너희를 위하여 거처를 예비하러 가노니 가서 너희를 위하여 거처를 예비하면 내가 다시 와서 너희를 내게로 영접하여 나 있는 곳에 너희도 있게 하리라(요 14:1-3).

예수님은 우리를 위한 거처를 예비하겠다는 약속을 이곳(미국-편집자)이 아닌 다른 땅에서 하셨다. 그 약속은 구릿빛 피부를 가졌으며 평생 결혼을 하지 않았고 별로 볼품없는 체격을 지녔으며 때로는 집 없이 떠돌아다녔고 영어를 단 한마디도 할 수 없었던 1세기 중동의 유대에 살던 목수의 입에서 나왔다.

우리가 왜 우리와 전혀 다른 사람의 신음에 관심을 기울여야 할까? 왜냐하면 예수님이 먼저 그렇게 하셨기 때문이다. 나사렛 예수의 관점에서 '우리'는 세상 끝에 있는 사람들이다. 하지만 그분께 우리는 그분이 처음 거두신 열두 제자만큼이나 중요하다.

'우리'가 굶주릴 때 그분이 먹이셨다. '우리'가 목마를 때 그분이 마실 것을 주셨다. '우리'가 집 없이 떠돌 때 그분이 오셔서 거처를 마련해 주셨다. '우리'가 참 포도나무에서 떨어져 거짓 포도나무에서 시들고 있을 때 그분이 우리를 자신에게 접붙이셨다. '우리'가 부유한 가운데 조용한 절망의 삶을 살고 있을 때 그분이 우리를 심령이 가난한 자를 위한 그분의 식탁에 불러 주셨다. '우리'가 죽고 있을 때 우리가 살도록 그분이 우리 대신 돌아가셨다.

그분은 우리가 난민 신세에서 벗어나 영원한 집에서 행복하게 살도록 스스로 난민이 되셨다. 그러니 우리도 소매를 걷어붙이고 누군가를 섬기는 게 어떤가?

: **저자의 생각 읽기**

우리가 우리 세상만이 아닌 온 세상을 사랑해야 하는 결정적인 이유는 예수님이 말씀하신 "땅끝"이 바로 우리이기 때문이다. 예수님이 우리를 보고 사랑하고 필요한 것을 공급해 주셨으니 그분의 지상대명령에 따라 우리도 다른 이들을 보고 사랑하고 필요한 것을 공급해 줘야 한다.

: **성경의 생각 읽기**   창 17:4-5; 행 1:8

오직 성령이 너희에게 임하시면 너희가 권능을 받고 예루살렘과 온 유대와 사마리아와 땅끝까지 이르러 내 증인이 되리라(행 1:8).

: **당신의 생각 읽기**

1. '온' 세상을 향한 하나님의 사랑이 당신의 시각에 얼마나 많이 녹아들어 있다고 생각하는가?

2. 하나님이 당신을 얻기 위해 땅끝까지 가셨다는 사실을 생각하면 너무 엄청나서 도무지 따라할 엄두가 나지 않는가, 아니면 오히려 의욕이 솟는가?

3. '집에서 시작해 밖으로 뻗어나가는 사랑'과 '집에서 시작해 집에서 끝나는 사랑'의 개념에 대한 당신의 생각은 어떠한가?

정치 성향이 다른 사람

19

정치적 입장이 달라도 함께 예배할 수 있다

이 글을 쓰는 지금, 미국 정치계는 대통령 선거로 뜨겁게 달아오르고 있다. 언제나 그렇듯이 네거티브 공방과 비열한 풍자가 난무한다. 지긋하지만 매번 선거판에서 사용되는 전략이다. 이렇게 진흙탕 싸움이 벌어질 때마다 하나님이 세상을 바꾸라고 주신 놀라운 기회를 우리가 놓치고 있다는 생각을 지울 수 없다. 그렇지 않은가?

정치는 그 어떤 주제보다도 강한 감정을 불러일으킨다. 정치는 우리 안에 있는 최상의 모습만이 아니라 최악의 모습까지 적나라하게 끄집어낸다. 종교와 마찬가지로 정치는 극심한 분열을 일으킨다. 그래서 우리는 가족끼리의 저녁 식사 자리에서 웬만하면 정치 얘기를 꺼내지 않는다. 좌파와 우파로 갈려서 자기 정책의 약점은 어떻게든 감추면서 상대방의 약점은 귀신같이 찾아내 끈덕지게 물고 늘어진다.

선거 시기는 그리스도인이 사려 깊고 공정하며 사랑이 가득한 소수자로서 두각을 나타낼 수 있는 기회다. 예수님을 믿는 사람이 정치에 대한 그분의 정치를 얼마나 따르느냐에 따라 세상이 주목할 것이다. 더 중요하게는, 세상이 더 좋은 곳으로 변할 것이다.

그렇다면 과연 예수님의 정치는 어떤 모습일까?

참된 왕은 한 분뿐

한번은 세속의 지도자와 종교 지도자들이 한 패거리가 되어 한 가지 질문으로 예수님을 농락하려고 했다. "가이사에게 세금을 바치는 것이 옳으니이까 옳지 아니하니이까"(막 12:14). 그러고 나서 그분께 동전을 건넸다. 그 동전에는 "티베리우스 왕, 신의 아들 아우구스투스 막시무스, 대제사장"이란 문구가 새겨져 있었다. 이 문구를 통해 로마 황제는 자신이 온 제국을 다스리는 신이요 절대 권위

자라 주장했다. 로마는 국가의 주인에게 굴복하지 않는 역도들을 십자가에 처형하는 전체주의 체제였다.

그런데 예수님은 동전을 들어 보이며 예상 밖의 답변을 내놓으셨다. "이 형상과 이 글이 누구의 것이냐?"

"가이사의 것입니다"라고 사람들이 대답하자 예수님은 말씀하셨다. "가이사의 것은 가이사에게, 하나님의 것은 하나님께 바치라"(막 12:13-17 참조).

다시 말해, 이런 뜻이다. '이 동전에는 가이사의 형상이 새겨져 있으니 이 동전은 가이사의 것이다. 하지만 너희 모두에게는 하나님의 형상이 새겨져 있으니 너희는 하나님의 것이다. 동전은 가이사의 것이니 가이사에게 주고, 너희는 하나님의 것이니 너희 자신은 하나님께 드리라.'[1]

얼마나 멋진가. 예수님은 적이 쳐 놓은 덫을 무용지물로 만드셨을 뿐 아니라 왕들과 나라들에 관한 올바른 우선순위까지도 확실하게 정해 주셨다. 한편으로, 하나님 나라의 시민은 세상 나라의 가장 모범적인 시민이 되기 위해 노력해야 한다(롬 13:1-2; 벧전 2:13-17 참조). 그래서 가이사처럼 권력에 굶주린 군주조차도 그리스도인의 사랑과 섬김 덕을 볼 수 있다. 다른 한편으로, 우리의 절대적인 충성을 받으실 분은 오직 하나님뿐이다. 하나님만이 진정한 왕이시며, 그분의 나라는 이 세상에 속해 있지 않다. 하나님 나라와 세상의 나라가 충돌하면 무조건 하나님의 편에 서라.

자신만 옳다며
상대를 비방하는 파벌 싸움

/

마가복음 15장을 보면 파벌 싸움에 휘말린 군중이 나타난다. 이 유명한 구절에서 마치 빌라도가 예수님의 생사여탈권을 손에 쥔 것처럼 보이는 상황이 벌어진다. 군중은 빌라도에게 정치적인 열심당원이자 살인자요 선동가였던 바라바를 풀어 주고 대신 예수님을 처형하라고 소리를 질렀다. 굶주린 자를 먹이고 아픈 자를 고치고 가난한 자에게 쉴 자리를 제공하는 진정으로 혁명적인 일을 행하셨던 예수님. 군중은 오히려 그런 분을 죽이라고 아우성을 쳤다. "십자가에 못 박으라!" 폭력의 사람 바라바는 자유의 전사로 열광적인 환호를 받았고, 평화의 사람 예수님은 국가의 적으로 비난을 받고 십자가에 처형되셨다.

바로 이런 것이 파벌들이 저지르는 짓이다. 파벌들은 자기 집단의 장점과 상대편 집단의 단점을 과장한다. 자기 집단에 대해서는 없는 장점도 지어내고 상대편 집단에 대해서는 없는 단점도 만들어 낸다. 파벌들은 자기 집단의 약점을 축소하고 무시하는 동시에 상대편 집단의 장점도 축소하고 무시한다. 그 결과, 군중이 좋은 사람을 마녀 사냥하고 엉뚱한 사람을 추앙하는 어처구니없는 상황이 벌어진다.

우리 그리스도인도 파벌 싸움에 얼마나 쉽게 빠지는지 볼수록 안타깝다. 우리도 왜곡과 풍자의 정치에 얼마나 자주 동참하는가? 우리 편 후보를 지지하기 위해서 기꺼이 절반짜리 진실만 이야기하고 상대편 후보를 깎아내리기 위해서도 절반짜리 진실을 동원한다. 반쪽짜리 진실은 말이 진실이지 새빨간 거짓말이라는 사실을 잊었는가? 거짓 증언은 예수님의 제자에게 어울리지 않는다. 거짓 증언을 하지 말라는 것은 엄연한 십계명의 하나다.

우리가 지지하는 후보는 구원자이고 상대편이 지지하는 후보는 적그리스도라고 믿는 순간, 신앙을 정치에 이용하기 시작한 것이다. 가이사의 것을 하나님께 드리고 하나님의 것을 가이사에게 주기 시작한 것이다.

존 웨슬리는 정치판이 걷잡을 수 없이 가열되던 기간에 다음 글을 썼다. 참으로 옳은 말이다.

> 나는 이어진 선거에서 투표권을 행사한 우리 사회의 시민들을 만나 이렇게 조언했다. 첫째, 가장 적합하다고 생각하는 후보에게 그 어떤 사례도 받지 말고 투표하라. 둘째, 상대편 후보에 대해 절대 나쁘게 말하지 마라. 셋째, 상대편 후보에게 투표한 사람을 미워하는 마음이 생기지 않도록 조심하라.[2]

나와 종교가 같지만 정치 입장이 다른 사람보다 나와 정치 입장이 같지만 종교는 다른 사람에게 더 동질감을 느낀다면 그것은 로마에 마음을 빼앗긴 증거다. 가이사의 것을 하나님께 드리고 하나님의 것을 가이사에게 준 것이다.

성경이 특정한 정치 입장을 지지하지 않는다는 점을 알아야 한다. 자신의 정당은 '기독교 가치'를 지지하고 다른 정당은 그렇지 않다고 주장한다면? 실제로 '기독교 좌파'와 '기독교 우파'가 모두 선거철마다 그런 주장을 펼치고 있다. 하지만 그것이 누구의 기독교 가치인가? 어떤 기독교 가치를 말하는 것인가? 태아를 위한 정의와 보호를 이야기하는 것인가? 가난한 사람들을 위한 정의와 보호를 이야기하는 것인가? 사유재산을 보유할 권리? 아니면 우리 가운데 있는 외국인과 외지인을 돌볼 의무? 모든 신체 건강한 사람이 충분한 기회를 얻고 의무를 다하는 세상? 누구나 똑같은 일에 대해 같은 임금을 받고 누구에게나 기본 인권이 보장되는 세상?

성경에 따르면 이 모든 것이 상식에서 비롯했을 뿐 아니라 성경 자체에서 비롯한 '기독교' 가치다. 우파나 좌파나 모두 이런 성경 이상의 전부가 아닌 일부만 강조하고 있다. 둘 다 성경이 요구하는 진리와 정의, 자유를 온전하게 주장하지 못하고 있다.

기독교를 좌파와 동일시하든 우파와 동일시하든 온전한 성경적인 가르침에서 벗어날 수밖에 없다. 예수님은 양 진영 모두에서 환호뿐 아니라 신랄한 비판을 받으셨다. 하나님 나라는 이 세상에 속하지 않고 속한 적도 없다. 하나님 나라는 이 세상에 있고, 이 세상을 위하지만, 이 세상에 속하지는 않았다.

요컨대, 예수님 아래서 정치 입장은 덜 중요해진다. 정치 입장이 서로 다른 사람들도 예수님의 제자라는 가장 중요한 공통점을 통해 서로 우정을 나눌 수 있다. 그럴 때 자신만 옳다며 서로를 풍자하고 왜곡하는 세상적인 수단이 정치판에서 꼬리를 감춘다.

특정 정당에
답이 있지 않다
/

세상 변화의 진정한 열쇠는 특정 정당이 집권하는 게 아니다. 물론 정부가 중요하긴 하다. 하나님은 사업, 예술, 의료, 교육, 가족뿐 아니라 정부를 통해서도 세상을 더 나은 곳으로 빚어 가신다. 정부가 제 역할을 할 때 인간 사회는 더 풍요롭고 평화로운 곳으로 변한다. 하지만 정부는 세상 모든 문제의 답이 아니며 답인 적도 없다. 정부에서 답을 찾는 것은 한낱 인간이나 인간 시스템으로부터 너무 많은 것을 바라는 것이다. "너희는 먼저 그의 나라와 그의 의를 구하라"(마 6:33).

3세기의 로마 사회는 종교적 자유를 반대하는 정부에도 불구하고 좋은 쪽으로 변화되었는데, 그 중심에는 바로 그리스도인이 있었다.[3] 그리스도인은 여성 인권 신장의 일등공신이었다. 그리스도인은 고아와 원치 않게 태어나 버려질 위기에 처한 아이들을 돌보기 위해 팔을 걷고 나섰다. "아이를 원하지 않으면 우리에게 주시오. 우리가 키우겠소." 그리스도인은 로마를 향해 그런 메시지를 던졌다. 그리스도인은 믿는 사람인지를 따지지 않고 아픈 사람과 가난한 사람을 존중하고 정성껏 보살폈다. 로마 사회가 이 모습에 주목했고, 결국 3세대 만에 로마는 완전히 달라졌다. 더는 사람들이 로마 정부를 사회 문제의 궁극적인 해법으로 보지 않았다. 대신, 예수님의 제자들이 실천하는 파격적이고 지속적이며 희생적인 사랑에서 희망을 봤다. 그로 인해 그리스도인은 "온 백성에게 칭송을" 받았다(행 2:47 참조).

하나님의 사람이 예수님께 받은 사랑과 기쁨으로 이웃과 일터, 도시를 물들일 때 세상이 변하고 하나님 나라가 넓어진다. 그리스도인이 믿지 않은 이웃과 직장 동료, 친구와 손을 맞잡고 세상을 더 좋은 곳으로 일구는 일에 팔을 걷어붙일 때 세상이 변한다. 하나님이 신자, 비신자 가리지 않고 온 세상에 주시는 일반 은혜는 그분의 가장 귀한 선물 중 하나다. 따라서 믿는 사람이든 아니든 공익을 위해 힘쓰는 사람들이 있다면 그들과 힘을 합쳐야 한다.

이 일에서 우리는 정부의 신하가 아니라 지원자가 된다. 이것이 하나님이 정해 주신 모습이다. 이것이 성경의 이상이다.

바라바를 죽이면 그의 혁명이 끝난다. 예수님을 죽이면 그분의 혁명이 시작된다.[4] 군중은 공포에 질려 권력을 향해 달려갔지만 예수님은 아무런 반항도 없이 차분하게 로마 정부의 부당한 판결을 기다리셨다.

공포에 질려 권력을 향해 달려가는 것은 세상의 길이다. 정치적 결과야 어떻든 차분함과 사랑, 무방어의 자세를 유지하는 것은 예수님의 길이다. 그리고 이것이 마음속에 나라들의 우선순위가 올바로 정립된 제자의 길이다. "내가 함께할 것이니 두려워하지 마라. 일시적인 권력의 자리에 앉아 있는 것으로 기뻐하지 마라. 너희 이름이 하늘에 기록된 것으로 기뻐하라"(눅 10:20; 12:32 참조). 우리 왕예수 그리스도가 우리에게 그렇게 말씀하고 계신다. 가이사의 것은 가이사에게 주고 하나님의 것은 하나님께 드리라.

한 걸음 물러나 기억할 것

/

미국이 새로운 리더의 선출을 앞두고 있는 이 시점(이 책의 원서는 제45대 미국 대선을 목전에 둔 2016년 10월에 출간되었다-편집자)에서 우리는 한 걸음 뒤로 물러나 몇 가지를 기억해야 한다.

첫째, 정부를 짊어지기에 대통령의 어깨는 너무 좁다. 정부가 이미 평화의 왕의 어깨 위에 놓여 있음을 기억하라. 그분의 나라는 이미 이 땅에 서 있으며 그분의 정부는 무한하다(사 9:7 참조). 둘째, 하나님 나라는 이 세상 위에 있지 이 세상에 속해 있지 않다. 하나님은 다른 법으로 다스리신다. 그분의 길은 우리 길과 정반대일 때가 많지만 언제나 우리 길보다 높다.

셋째, 빌라도(우리의 대통령도 마찬가지)의 권력은 애초에 하나님이 주신 것이다. 하나님이 주시지 않으면 누구도 권력을 얻을 수 없다. 이제 미국 대중은 하나님이 불가사의한 섭리 가운데 허락하신 후보에게 표를 던지게 될 것이다(요 19:11 참조). 넷째, 모든 왕과 통치자의 마음은 하나님의 손 안에 있다(잠 21:1 참조).

다섯째, 신자들은 지도자들을 위해 기도하며 그들을 존중하고 축복하며 그들에게 복종해야 한다. 이것은 선택사항이 아니라 명령이다. 종교의 자유가 없던 로마에서도 그리스도인이 이 명령을 지켜야 했으니 종교의 자유가 있는 이곳에서는 더더욱 그러하다(롬 13:1-7; 벧전 2:13-17 참조). 여섯째, 아주 드문 예외를 제외하면 기독교는 정부의 박해가 있을 때 가장 흥왕했고 정부의 비호가 있을 때 가장 위축되고 타락했다.

대통령 선거 결과가 당신의 뜻대로 나오지 않는다 해도 절망하거나 분노하지 말고 진정하라. 다 잘될 것이다. 우리에게는 메시아만 계시면 된다. 그리고 이번 선거에서 패한 후보는 그분이 아니다. 또 반대로 대통령 선거 결과가 당신 뜻대로 나온다 해도 너무 흥분하지 말고 진정하라. 차분히 현실을 보라. 우리에게는 메시아만 계시면 된다. 그리고 이번 선거에서 이긴 후보는 그분이 아니다.

: 저자의 생각 읽기

하나님은 정부를 허락하셨지만 그분의 나라는 이 세상에 속하지 않았다. 그분의 진리는 좌파와 우파 모두의 정치를 지지하는 동시에 질책한다.

: 성경의 생각 읽기 사 9:6; 요 18:36

예수께서 대답하시되 내 나라는 이 세상에 속한 것이 아니니라 만일 내 나라가 이 세상에 속한 것이었더라면 내 종들이 싸워 나로 유대인들에게 넘겨지지 않게 하였으리라 이제 내 나라는 여기에 속한 것이 아니니라(요 18:36).

: 당신의 생각 읽기

1. 당신과 '종교는 같지만 정치 입장은 다른' 사람과 '정치 입장은 같지만 종교는 다른' 사람 중에서 누구에게 더 동질감을 느끼는가?

2. 위의 대답으로 볼 때 당신이 진정으로 충성하는 나라는 어느 나라일까?

3. 예수님의 나라가 이 세상 속에 있고 이 세상을 위하지만, 이 세상에 속하지는 않았다는 말이 무슨 뜻인가?

장애를 가진 사람

20

고난 속에서 하나님과 화해한 영혼이 가장 강하다

영화 〈포레스트 검프〉에서 가장 기억에 남는 장면 가운데 하나는 포레스트와 댄 중위가 휴일을 함께 보내는 장면이다. 베트남 전쟁에서 두 다리가 날아간 뒤 휠체어 신세가 된 중위가 하나님께 속에 가득한 분노를 쏟아낸다. 부상이나 질병, 상실을 겪은 여느 사람처럼 중위도 하나님과의 화해에 이르기까지는 그분 앞에서 소리를 지르며 날뛰는 한바탕 소동을 거쳐야만 했다. 겸손한 청중 포레스트 앞에서 그가 고래고래 소리를 지른다.

(국가보훈처에서 와서 다들 한다는 소리가) 예수가 어쩌고저쩌고. 내가 예수를 찾았냐고? 목사까지 데려와서 말하더군. 신이 듣고 있대……. 예수를 마음에 영접하면 천국에서 그와 나란히 걷게 된다네. 들었어? 천국에서 그와 나란히 걷는다고! 신이 들어? 헛소리![1]

둘이 헤어지고 나서 한참이 지나 댄 중위가 포레스트의 결혼식에 찾아왔는데 훨씬 더 평온해진 모습이었다. 포레스트는 그런 변화를 눈치 채고서 나중에 이렇게 말한다. "중위님이 그런 말은 안 했지만 하나님과 화해한 것 같았어."[2]

〈포레스트 검프〉를 볼 때마다 다리 없는 중위가 하나님과 화해한 모습을 보여 주는 장면에 이르면 나도 모르게 눈물이 흐른다. 그 순간, 내가 만났던 아름다운 장애인의 얼굴이 주마등처럼 스치고 지나간다. 장애에도 불구하고가 아니라 장애를 통해 하나님의 선하심과 신실하심, 능력의 놀라운 산증인이 된 남녀와 아이들.

휠체어를 탄 영웅들

/

세계적으로 유명한 슬픔 전문가 엘리자베스 퀴블러 로스에 따르면 "가장 아름다운 사람들은 …… 패배와 고난, 상실을 경험했지만 그 깊은 곳에서 빠져나온 사람들이다."³ 팀 켈러도 비슷한 말을 했던 기억이 난다. "가장 강한 영혼은 고난에서 빠져나온 영혼이고, 가장 강한 인격은 상처로 그을린 인격이다."

그런 영혼 중 한 명이 바로 조니 에릭슨 타다다. 타다는 셀 수 없이 많은 이유로 우리 부부의 영웅이다. '조니와 친구들'(Joni and Friends)이라고 하는 장애인 지원 사역 단체의 창립자인 타다는 17세에 불의의 사고로 목 아래가 마비되는 중증 장애인이 됐다. 그리고 설상가상으로 3기 유방암과도 사투를 벌여야 했다. 댄 중위와 마찬가지로 타다에게도 장애와 질병의 지독한 고통 속에서 하나님께 '왜? 도대체 왜요?'라고 울부짖던 시절이 있었다. 하지만 결국 그녀 역시 하나님과 화해했다.

'하나님이 선하시고 뭐든 하실 능력이 있다면 왜 당신을 고쳐 주시지 않았을까요?' 타다는 자주 받는 이 질문에 답하기 위해 다음 글을 썼다.

> (예수님을 따르는) 길은 하나님의 기적적인 개입보다 고난을 통한 친밀함으로 곧장 이어질 때가 많습니다. 어떤 면에서 저는 이 유방암으로 주님과 더 가까워졌습니다. 1년 전, 심지어 6개월 전에도 볼 수 없었던 그분 인격에 관한 것이 지금은 보입니다. 그러고 보면 전 여전히 자라고 변화되고 있는

겁니다. …… 사람들이 치유에 관해 물어보지만 전 육체의 치유보다 마음의 치유에 더 관심이 많습니다. 하나님의 말씀과 기도에 관한 제 게으른 태도, 제 지독한 교만을 없애 달라고 기도합니다. 이기주의에서 구해 달라고 기도합니다. 이런 것이 더 중요합니다. 예수님이 이런 것을 더 중요하게 여기시기 때문입니다.[4]

타다는 자신의 웹 사이트에서도 비슷한 생각을 단 한 문장으로 요약했다. "하나님은 좋아하시는 것을 이루기 위해 싫어하시는 것을 허락하신다."[5] 어떻게 이런 고백이 나올 수 있을까? 필시 그것은 실제로 하나님이 좋아하시는 것(죄인들의 구원)을 위해 싫어하시는 것(독생자의 폭력적인 고난과 죽음)을 허락하신 십자가 사건을 누구보다도 깊이 의식하고 살아가기 때문이리라.

타다가 육체적 고통을 받아들이는 모습은 쉽게 이해하기 어렵다. 하지만 더는 죽음이나 애통, 슬픔, 고통이 없다고 성경에서 약속한 새 하늘과 새 땅에 관한 그녀의 생각을 들어 보면 마침내 고개가 끄덕여진다. 새 하늘과 새 땅에서 예수님은, 연약하고 죽을 수밖에 없으며 때로는 불구가 되기도 하는 인간의 몸을 비롯해서 만물을 새롭게 하실 것이다(계 21:1-5 참조).

타다는 자신의 휠체어를 바라보며 이 글을 썼다.

이 휠체어를 천국에 가져가고 싶다. …… 가져가서 한구석에 놓고 싶다. …… 그런 다음에는 완벽하게 영화로워진 새 몸을 입고 영화로워진 새 다리로 내 구주 옆에 서리라. …… 그리고 말하리라. "주님, 저 휠체어가 보이시나요? 이 세상에서는 우리가 고난을 받을 거라는 주님의 말씀이 맞았어요. '많이' 힘들었어요. 하지만 제가 약해질수록 당신께 더 철저히 기대게 됐어요. 그리고 당신께 더 기댈수록 당신이 강하시다는 사실을 더 절실히 깨달았죠. 당신이 저 휠체어라는 복을 제게 주시지 않았다면 그것을 절대 깨닫지 못했을 거예요." 그러면 이어서 꽃종이가 사방에 날리는 행진이 시작되리라. 그리고 온 땅이 잔치에 참여하리라.[6]

타다의 친구이자 우리 교회의 교인이기도 한 린 휠러는 불과 몇 개월 전에 세상을 떠났다. 타다처럼 린도 후천적인 자동차 사고로 목 아래에 마비가 오면서 10년 넘게 휠체어에 갇혀 살았다. 사고를 당하기 전만 해도 그녀는 마라톤을 뛰고 체력 소모가 심한 테니스를 즐기며 수영을 가르치고 기타를 치는 등, 더없이 활동적인 사람이었다. 교인이자 친구요 이웃이며 아내이자 엄마요 할머니로서도 정신없이 바쁜 삶을 살았다.

그런 비극을 당하면 많은 사람이 하나님에게 냉소적이고도 분노에 찬 모습을 보이지만 린은 오히려 하나님의 약속에 깊이 닻을 내렸다. 린은 비록 휠체어 신세를 지고 있었지만 내가 본 어떤 사람보다도 기쁨과 믿음, 긍정, 사랑으로 가득한 사람이었다. 어떤 경우에도 하나님이 선하시다는 절대적인 믿음과 더불어 하나님이 예비하신 미래에 대한 소망으로 그녀는 자신의 장애를 짐이 아닌 "임무"로 봤다. 린은 자신의 장애를 하나님께 영광을 돌리기 위한 기회로 승화시키겠노라 굳게 다짐했다.

아내를 끔찍이 사랑했던 믿음 좋은 남편 더그에 따르면, 그녀는 중환자실에서 7주간 누워 있다가 깨어났다. 남편이 사고 이야기를 했을 때 그녀의 머릿속에 가장 먼저 떠오른 것은 시편 139편의 한 구절이었다. "나를 위하여 정한 날이 하루도 되기 전에 주의 책에 다 기록이 되었나이다"(16절). 나중에 린은 하나님의 신실하심을 생각하며 다음 글을 썼다.

> 지금 내 몸은 엉망이지만 내 영혼은 평안하다. …… 나의 날이 정해졌다고 믿는다. 내가 약할 때 (하나님이) 위로하고 힘을 주실 것이다. 당장 이해가 가지 않아도 하나님의 약속을 굳게 부여잡을 것이다. 모든 것이 변했지만 나를 향한 그분의 계획은 계속되고 있다. …… 작은 일에서 감사하리라. 내 몸의 제약에서 나를 보호하기 위한 하나님의 뜻을 찾으리라. 천국을 더 자주 생각하리라.

린이 평소에 즐겨 부르던 찬송, 그래서 그녀의 장례식 때 불렸던 찬송에는 이런 가사가 포함되어 있다.

> 나의 하나님이 정하시는 것은 뭐든 옳다네.
> 그분은 나의 친구요 나의 아버지
> 내가 해를 받지 않도록 고난을 받으시네.
> 풍랑이 가득 몰려와도
> 이제 나는 기쁨과 슬픔을 다 안다네.
> 언젠가 분명히 알게 되리
> 그분이 나를 끔찍이 사랑하셨다는 것을.
>
> 나의 하나님이 정하시는 것은 뭐든 옳다네.
> 이 진리 위에 굳게 서리.
> 슬픔이나 가난이나 죽음이 찾아와도
> 나를 버리시지 않는 분.
> 내 아버지께서 항상 돌보시네.
> 넘어지지 않도록 붙잡아 주시네.
> 그래서 그분께 모든 것을 맡기리.[7]

달리기와 테니스, 수영, 기타, 노래를 좋아했던 여인. 하지만 갑작스러운 교통사고로 그 모든 것을 잃고 평생 휠체어 신세를 지게 된 친구이자 할머니요 엄마이자 아내. 이 비극에 대해 그녀가 내린 결론은 이것이다. '천국을 더 자주 생각하리라! 나의 하나님이 정하시는 것은 뭐든 옳다네!'

린 휠러의 장례식에서 데이비드 필슨 목사는 고인의 휠체어가 설교단이 되었다고 선포했다. 타다와 린을 비롯해서 장애를 통해 하나님께 더 가까이 다가가는 사람들을 보면 언젠가 내 정신과 육체가 쇠할 날을 생각해도 소망이 생긴다. 그들은 내가 신음할 때 하나님이 가까이 오시며 내 "겉사람"은 시들어도 내 "속사람"은 날마다 새로워지고 강해진다는 소망을 전해 준다. 바울이 자신의 장애를 "육체의 가시"라고 불렀던 것처럼 하나님의 은혜는 모든 상황에서 충분하며 그분의 능력은 우리의 약함으로 온전해진다.

실로 우리는 연약한 질그릇이다. 하지만 새 하늘과 새 땅에서 우리를 기다리는 "영광의 중한 것"에 비하면 심지어 평생 감내해야 하는 고통조차도 일시적으로 보이고 아무리 무거운 짐도 가볍게 느껴진다(고후 4:7-18 참조). 그래서 우리는 낙심하지 않는다. 지금 우리가 보고 경험하는 것들, 교통사고, 휠체어 같은 것은 일시적일 뿐이다. 우리가 아직 보지도 경험하지도 못한 것들, 새로워진 몸과 완벽한 영혼, 독수리가 날개 치며 올라갈 만큼의 새 젊음 같은 것, 이런 것이야말로 영원하다(고후 12:7-10; 사 40:28-31 참조).

하나님을 향한
눈을 열어 주는 길동무들

젊음과 장애라는 말이 나와서 하는 말인데, 다운증후군 환자들이 정상인보다 더 젊고 즐겁게 산다는 사실을 아는가? 조니 에릭슨 타다와 린 휠러가 휠체어에 앉은 '희망 전도사'라면 다운증후군 환자들은 '기쁨 전도사'라고 할 수 있다.

〈아메리칸 저널 오브 메디컬 지네틱스〉지에 따르면, 다운증후군 환자 중 99퍼센트가 행복하다고 말한다. 97퍼센트는 자신의 현재 모습이 마음에 든다고 말하며, 99퍼센트는 '나는 가족을 사랑한다'라는 진술에서 '그렇다'에 동그라미를 친다.[8] 한 저자는 이런 통계에 기초해서 다운증후군 환자를 "세상에서 가장 행복한 사람"으로 봤다.[9]

내 가장 큰 특권 중 하나는 장애인 아이와 어른이 많은 교회를 목회한다는 것이다. 지지 샌더스라는 여성의 훌륭한 리더십 덕분에 우리 교회는 장애인에게 특별한 관심과 자원을 쏟기로 결정했다. 내가 볼 때 그로 인한 최대 수혜자는 장애인이 아니라 그들과 어울리는 비장애인이다.

다운증후군을 앓고 있는 케이티가 생각난다. 케이티는 항상 함박웃음을 달고 다니며 그 누구보다도 길고도 강한 포옹을 자랑한다. 내가 예쁘다고 말해 주면 신이 나서 펄쩍펄쩍 뛰고, 혹시라도 내가 깜박 잊고 그 말을 해 주지 않으면 삐친 표정을 짓는 모습이 정말 귀엽다. 가끔씩 내 설교를 더없이 단순하면서도 심오하게 해석한 그림을 건넨다.

케이드도 다운증후군이다. 마지막으로 케이드를 본 것은 지난번에 그 친구의 집에 심방을 갔을 때였다. 케이드가 학교에서 오자마자 허둥지둥 셔츠를 벗어던지고 아이패드와 이어폰을 챙겨 위층에 있는 자기 방으로 달려갔다. 뭔가 중요한 임무가 있는 게 분명했다. 곧이어 녀석이 좋아하는 동요를 시끄럽게 따라 부르는 소리가 온 집 안을 가득 메웠다. 일말의 창피함도 없이 어찌나 신나게 부르던지. 순수하고 거리낌 없는 그 모습을 보고서 하나님이 우리를, 그리고 나를 있는 모습 그대로 받아 주시고 기뻐하신다는 사실을 새삼 느꼈다.

하나님은 우리가 계산되고 세련된 모습이 아니라 예수님을 통해 '벌거벗었으나 부끄러워하지 아니하는' 모습으로, 자유롭고 자신감과 확신에 넘쳐 큰 소리로 노래하며 다가오기를 원하신다. 그분께 그렇게 나아가지 못하는 것은 그분이 우리를 얼마나 깊게 무조건 사랑하시는지를 망각하고 있다는 증거다.

윌리엄도 꼭 소개하고 싶다. 윌리엄은 다운증후군과 자폐증을 앓는 친구다. 윌리엄의 부모는 장애를 가진 아들을 돌보느라 눈코 뜰 새 없이 바쁘다. 하지만 우리를 만날 때마다 몸은 고되지만 아들을 통해 하나님에 관해 많은 것을 배운다는 말을 빼놓지 않는다. 사방에서 쉴 새 없이 공격이 날아오는 것만 같은 하루 중에도 윌리엄은 부모에게 뜻밖의 아름다운 경험을 선사한다. 얼마 전에는 윌리엄이 아버지의 휴대폰을 손에 넣어 전화번호부에 있는 사람들에게 무작위로 문자 메시지를 보냈다. 모든 문자 메시지는 단 한 마디였다. "사랑해요."

그날 저녁부터 이튿날까지 윌리엄의 아버지는 가족과 친척, 친구, 직장 동료들, 나아가 별로 친하지 않은 사람에게까지 답장을 받았다. 애정을 듬뿍 담은 답장도 있었고, 짐작했겠지만 장난 섞인 답장도 있었다. 이 모든 사랑의 상호작용은 다운증후군과 자폐증, 독특하지만 사랑스러운 유머감각을 가진 10대 소년의 손가락에서 시작됐다. 때로 하나님은 전혀 뜻밖의 방법으로 역사하신다.

윌리엄이 아니었다면 우리 교인들은 예수님을 지금보다 덜 알 것이다. 윌리엄이 아니었다면 나도 예수님을 지금보다 덜 알 것이다. 윌리엄은 야구 모자를 뒤로 돌려서 쓰고 실내에서 선글라스를 쓴다. 항상 에너지가 넘치고, 웃기며, 때로는 충동적이고, 재빠르다. 잠시만 딴 곳을 쳐다보고 있으면 어느샌가 눈앞에서 사라진다. 내 썰렁한 농담에 언제나 환하게 웃어 주고 수시로 내게 하이파이브를 하며 나와 살짝이라도 눈이 마주치면 입이 귀에 걸린다.

케이티처럼 윌리엄도 나를 보면 무조건 포옹한다. 하지만 이 아이의 포옹은 한 팔로만 하는 0.5초짜리 짧은 포옹이다. 그래도 그 포옹을 한 번도 빼먹은 적이 없다. 아마도 그것은 그 안에 자신이 우리 교인들의 친구라는 어린아이와 같은 인식이 있기 때문이 아닐까 싶다. 그래서 다른 교인들도 자신을 친구로 느낄 수 있도록 나름대로 단순하면서도 심오한 방법을 찾아낸 것이다.

윌리엄은 자기 생각을 말로 분명하게 표현할 수 없지만 주보를 나눠 주고 헌금 바구니를 돌리고 찬송에 맞춰 즐겁게 춤을 추는 모습으로 자신의 마음을 전한다. 그런 모습을 보노라면 나도 모르게 진리로 돌아간다. 은혜로 돌아간다. 윌리엄은 매 순간, 때로는 뜻밖의 순간에 나에게 날아오는 예수님의 '사랑해요' 메시지를 기억하게 해 준다. 윌리엄은 그를 통하지 않고는 절대 볼 수 없는 종류의 천국을 내게 보여 준다.

우리가 세상과 하나님을 제대로 보기 위해서는 윌리엄, 케이드, 케이티, 린, 타다 같은 친구가 필요하다. 하나님과 화해하는 여행, 때로는 죽을 만큼 힘이 드는 그 여행을 무사히 마치려면 아름다운 이 친구들의 시각이 꼭 필요하다. 우리 모두는 연약하기 때문이다.

: **저자의 생각 읽기**

장애를 가진 사람은 우리에게 두려움과 실망, 약함을 이겨 내기 위한 독특한 시각과 희망을 제공할 수 있다.

: **성경의 생각 읽기**   삼하 9:1-13; 고후 12:7-10

내가 그리스도를 위하여 약한 것들과 능욕과 궁핍과 박해와 곤고를 기뻐하노니 이는 내가 약한 그때에 강함이라(고후 12:10).

: **당신의 생각 읽기**

1. 당신이나 가까운 누군가가 안타깝게도 어떤 장애를 가지게 된다고 했을 때 무엇이 가장 두려운가?

2. 다른 사람이 장애인을 대하는 모습에서 감동을 받거나 개인적으로 힘을 얻거나 영적으로 도전을 받은 적이 있는가?

3. 하나님이 '우리'의 약함을 통해 '그분'의 강함을 드러내신다는 사실을 성경에서 그토록 강조하는 이유가 뭐라고 생각하는가?

;Befriend

Part 3

그분의 용납과 사랑 안에
충분히 머물라

예수님과 함께,
예수님처럼

21

'예수님과 함께'가 먼저다

클래식 뮤지컬 영화 〈지붕 위의 바이올린〉은 한 가정의 이야기를 그리고 있다. 아버지는 사랑에 빠져 행복해하는 두 딸을 보고 아내에게 고개를 돌려 묻는다. "나를 사랑하오?"

그러자 아내는 대답한다. "당신을 사랑하느냐고요? …… 25년 동안 당신 옷을 빨고 당신 밥을 짓고 당신 집을 청소하고 당신에게 아이들을 낳아 주고 당신의 소에서 젖을 짰어요. 25년간 그렇게 고생한 저에게 그게 할 소리예요? …… 사랑하느냐고요? 25년간 지지고 볶고 함께 굶었잖아요. 25년간 한 이불을 덮고 잤어요. 이게 사랑이 아니면 뭐가 사랑이겠어요?"

그러자 남편은 머뭇거리며 대답한다.

"그러니까 어서 말해 봐. 나를 사랑해?"[1]

사랑을 이해하는 사람이라면 누구나 이 아내가 핵심을 놓치고 있다는 사실을 잘 알 것이다. 온전한 사랑, 가장 건강한 형태의 사랑은 '의무'가 아니라 '기쁨'으로 하는 사랑이다.

〈지붕 위의 바이올린〉에 등장하는 아내는 우리 자신을 보여 주는 거울과 같다. 꼭 해야 하는 일과 시급한 일의 압박 속에서 가장 중요한 관계가 뒷전으로 밀린다. 한때 우리의 가슴을 뛰게 만들고 우리에게 깊은 기쁨을 선사했던 관계가 지루하고 시시해진다. 한때는 그렇게 즐거웠던 것이 단순한 의무로 전락한다. 한때는 더없이 생생했던 은혜의 경험이 원망과 불평으로 퇴색한다. 한때는 얼굴을 마주했던 관계가 기껏해야 나란히 서고, 심지어는 등을 맞대는 관계로 추락한다. 사랑의 의무에만 집중하고 사랑의 기쁨을 키우는 일을 도외시하면 한때는 외로움을 달래 주던 것이 오히려 외로움의 이유가 되어 버린다.

이렇게 기쁨이 사라져 버리는 현상은 인간관계에서만 일어나는 게 아니다. 하나님과의 관계 속에서도 이런 안타까운 일이 벌어질 수 있다.

속이 어지러운데
밖을 정돈할 순 없다

/

하나님과의 친밀함을 잃어버린다면 그것은 하나님이 가 버리셨기 때문이 아니다. 우리가 떠난 것이다. 예수님의 절친했던 친구 마르다를 보라.

> 그들이 길 갈 때에 예수께서 한 마을에 들어가시매 마르다라 이름하는 한 여자가 자기 집으로 영접하더라 그에게 마리아라 하는 동생이 있어 주의 발치에 앉아 그의 말씀을 듣더니 마르다는 준비하는 일이 많아 마음이 분주한지라 예수께 나아가 이르되 주여, 내 동생이 나 혼자 일하게 두는 것을 생각하지 아니하시나이까 그를 명하사 나를 도와주라 하소서 주께서 대답하여 이르시되 마르다야, 마르다야, 네가 많은 일로 염려하고 근심하나 몇 가지만 하든지 혹은 한 가지만이라도 족하니라 마리아는 이 좋은 편을 택하였으니 빼앗기지 아니하리라 하시니라(눅 10:38-42).

〈지붕 위의 바이올린〉에 등장하는 아내처럼 마르다는 성과에 대한 집착으로 정서적으로나 관계적으로 피폐해 있었다. 혼자서 손님을 접대하느라 이리저리 뛰어다니다 보니 짜증이 잔뜩 나 있었다. 마르다는 "준비하는 일이 많아" 정신없이 바빴다. 우리는 이 점을 비판한다. 하지만 나는 예수님이 마르다를 비판하신 게 아니라고 생각한다.

예수님이 마르다의 "준비하는 일"에 사용하신 헬라어는 성경에 나타날 때마다 긍정적인 뜻으로 사용된 '디아코네오'(diakoneo)다. 예수님은 자신이 섬김을 받으러 온 게 아니라 섬기고 많은 사람의 대속물로 자신의 생명을 내어 주기 위해 오셨다는 말씀을 하실 때도 '디아코네오'란 단어를 사용하셨다(마 20:28 참조). 사도 바울도 교회를 돕고 섬기는 역할인 집사를 칭할 때 이 단어를 사용했다(딤전 3:8 참조). 또한 뵈뵈를 지역 교회의 충성스러운 종이라 칭찬할 때도 그녀를 '디아코논'(diakonon)으로 불렀다(롬 16:1 참조).

따라서 마르다를 예수님께 충실하지 않은 사람으로 오해하지 말고 어느 정도 인정해 줄 필요성은 있다. 마르다는 '환대'라는 복음의 가치를 열심히 실천한 인물이었다. 예수님은 마르다를 부를 때 이름을 두 번이나 부르셨다. "마르다야, 마르다야." 셈 언어에서 사람의 이름을 반복해서 부르는 것은 애정의 표현이다. 예수님은 마르다가 나쁜 짓을 해서 꾸짖으신 게 아니라 단지 교훈을 주셨을 뿐이다. "마르다야, 마르다야." 이는 마르다와 우리를 향한 예수님의 연민과 친절의 제스처다.

'마르다야, 마르다야. 세상을 바꾸려고 하기 전에 먼저 나를 통해 네가 변해야 한다. 남들에게 영향을 미치기 전에 먼저 네가 내게 영향을 받아야 한다. 세상을 더 좋게 만들기 위해 바삐 뛰어다니기 전에 먼저 네가 나를 통해 더 좋은 사람이 되어야 한다. 나를 섬기고 먹이려면 먼저 내가 너를 섬기고 먹이게 해야 한다.'

보다시피 마르다의 문제점은 바쁜 몸이 아니라 바쁜 마음이었다. 마르다는 섬김에 너무 정신이 팔려 있었다. 그래서 섬김의 의미가 퇴색하고 말았다. 마르다는 혼란스러운 마음으로 일하고 있었다. 마르다는 속은 어질러진 상태에서 밖을 정돈하려고 했다. 마르다는 부차적인 것에 정신이 팔려 가장 중요한 것을 망각하고 말았다. 가장 중요한 것은 바로 처음 그녀를 예수님과의 우정으로 이끌어 준 '사랑'이었다.

예수님은 우리도 그 사랑을 잃지 않기 바라신다.

> 내가 네 행위와 수고와 네 인내를 알고 …… 또 네가 참고 내 이름을 위하여 견디고 게으르지 아니한 것을 아노라 그러나 너를 책망할 것이 있나니 너의 처음 사랑을 버렸느니라 그러므로 어디서 떨어졌는지를 생각하고 회개하여 처음 행위를 가지라(계 2:2-5).

예수님이 에베소 교회에 말씀하신 것은, 마르다에게 말씀하실 때와 똑같은 바람에서 나온 말씀이다. 예수님은 다 보고 계신다. 우리가 그분의 나라에 의미 있는 기여를 하기 위해 얼마나 고군분투

하는지 다 보신다. 우리가 얼마나 고생하고 헌신하고 인내하고 충성을 다하는지 다 보고 계신다. 우리가 그분과 나란히 걷는 것을 다 보신다. 하지만 그분과 얼굴을 마주하지 않고 나란히 걷기만 하면 그분께 등을 돌리게 되는 건 시간문제일 뿐이다.

"주여…… 생각하지 아니하시나이까?"

이 말의 이면에 흐르는 외침에 들리는가? 가만히 귀를 기울여 보면 마르다가 단순히 자신을 거들어 줄 일손 이상의 뭔가를 구하고 있음을 느낄 수 있다. 마르다가 진정으로 원하는 것은 바로 인정이었다. 등을 두드려주는 손. 치켜 올린 엄지손가락. 칭찬의 말. 미소. 마르다는 자신의 부지런함과 생산성을, 인정을 얻기 위한 수단으로 사용하고 있다.

그래서 뭐가 잘못되었다는 건가? 마르다가 힘든 노동을 통해 얻으려고 애쓰고 있는 그 인정, 그 토닥임, 그 애정, 그 미소는 이미 그녀의 것이었다. 그녀는 자신이 이미 인정을 받았다는 사실을 까마득히 잊어버리고 있었다.

함께하는 시간의 힘

/

마르다의 동생 마리아는 예수님이 오시자 하던 일을 멈추었다.

이것이 진정한 환대와 단순한 초대를 가르는 결정적 차이다. 초대라는 마음가짐에서는 손님을 맞기 전에 집 안이 완벽히 정돈되어야 한다. 하지만 환대가 목적일 때는 집안 청소고 설거지고 다 중단하고서 버선발로 달려 나가게 되어 있다. 준비보다 반가운 얼굴을 마주하는 게 훨씬 더 중요해진다.

마리아는 섬김을 멈추고 예수님의 발치에 앉았다. 그녀에게 절대 포기할 수 없는 것은 해야 할 일의 목록이 아니었기 때문이다. 그녀가 포기할 수 없는 것은 바로 예수님과 함께하는 시간이었다. 다른 할 일이 많이 있었지만 그녀에게 예수님의 발치에 앉아 있는 것은 절대 양보할 수 없는 "한 가지"였다. 먼저 기쁨을 추구하면 의무는 덤으로 이루어진다. 먼저 의무를 추구하면 둘 다 놓친다.

> 내가 여호와께 바라는 한 가지 일 그것을 구하리니 곧 내가 내 평생에 여호와의 집에 살면서 여호와의 아름다움을 바라보며 그의 성전에서 사모하는 그것이라 …… 너희는 내 얼굴을 찾으라 하실 때에 내가 마음으로 주께 말하되 여호와여 내가 주의 얼굴을 찾으리이다 하였나이다 주의 얼굴을 내게서 숨기지 마시고 …… 여호와는 나를 영접하시리이다 여호와여 주의 도를 내게 가르치시고 …… 평탄한 길로 나를 인도하소서 내가 산 자들의 땅에서 여호와의 선하심을 보게 될 줄 확실히 믿었도다 (시 27:4, 8-11, 13).

마르다의 예상과 달리 마리아는 예수님의 발치에 앉은 덕분에 '더' 많은 힘과 인내, 충성, 열정을 갖고 '더' 생산적으로 섬길 수 있었다. 요한복음 12장에서 이 사실을 확인할 수 있다. 여기서도 마리아가 예수님의 발치에 앉아 있는데 이번에는 사랑과 경배의 마음을 다해 그분을 적극적으로 섬기고 있다. 마리아는 거의 1년 치 임금에 해당하는 향유를 예수님의 발에 통째로 쏟아 부었다(요 12:1-8 참조).

예수님과 함께한 시간이 섬김의 열정을 타오르게 만든 결정적인 요인이었다. 사랑 자체이신 분과 얼굴을 마주하면 더 사랑할 수밖에 없기 때문이다. 친절 자체이신 분과 얼굴을 마주하면 더 친절해질 수밖에 없다. 후함 자체이신 분과 얼굴을 마주하면 더 후히 베풀 수밖에 없다. 환대 자체이신 분과 얼굴을 마주하면 더 환대할 수밖에 없다. 이것이 예수님이 역사하시는 방식이다. 예수님과 함께 있으면 우리는 그분으로 전염된다. 마르다는 예수님'처럼' 되려고 동분서주하는 동안 마리아는 그분과 '함께'하는 시간에 집중했다. 그리고 그렇게 그분과 함께하는 동안 그분처럼 변해 갔다.

예수님이 당신을 좋아하신다

그렇다면 주인 중 한 명인 마리아는 어떻게 해서 뛰어다니는 속도를 두 배로 끌어올리는 대신 하던 일을 즉시 멈출 수 있었을까? 이 질문은 매우 중요하다. 이 질문에 대한 답이 예수님처럼 사랑하기 위한 법을 배우기 위한 답과 동일하기 때문이다.

마리아처럼 우리도 예수님께 이미 인정과 존중, 사랑을 받고 있다는 확신을 얻어야만 멈출 자유와 사랑할 힘을 얻을 수 있다. 알다시피 예수님은 우리를 너무 사랑해서 목숨까지 내어 주셨다. 더 무슨 사랑의 증표가 필요한가.

우리는 마리아를 고리타분한 교리에 얽매이지 않는 자유분방한 믿음의 소유자로 치켜세우곤 한다. 하지만 교리를 경시하는 사람들을 보면 심히 우려가 된다. "내가 원하는 건 교리가 아니라 하나님과의 사랑이다. 나는 '느껴지는' 믿음과 '행동하는' 사랑을 원한다. 교리는 관심 없다. 오직 예수님께만 관심이 있을 뿐이다."

하지만 예수님이 그분과의 만남을 원한 마리아에게 무엇을 주셨는가? 예수님은 그분의 발치에 앉아 마리아에게 '교리'를 주셨다. 마리아는 예수님의 발치에 앉아 그분의 '가르침'에 귀를 기울였다.

> 네 마음을 다하고 목숨을 다하고 **뜻(정신)을 다하여** 주 너의 하나님을 사랑하라 하셨으니 이것이 크고 첫째 되는 계명이요(마 22:37-38).

> 너희는 이 세대를 본받지 말고 **오직 마음(정신)**을 새롭게 함으로

변화를 받아 하나님의 선하시고 기뻐하시고 온전하신 뜻이 무엇인지 분별하도록 하라(롬 12:2).

하나님 아는 것을 대적하여 높아진 것을 다 무너뜨리고 **모든 생각**을 사로잡아 그리스도에게 복종하게 하니(고후 10:5).

예수님과의 만남을 원하는 것은 좋지만 교리와 균형을 이룬 기도로 그 만남을 추구해야 한다. 다시 말해, 예수님이 성경을 통해 성도에게 최종적으로 주신 가르침이 한 쪽 기둥을 이뤄야 한다.

마음으로 하나님을 사랑하는 것과 머리로 하나님을 사랑하는 것은 하나로 연결되어 있다. 둘은 동전의 양면과도 같다. 바리새인의 죽은 종교를 피할 길은 교리를 버리는 게 아니라 건전한 교리나 건전한 진리를 추구하는 것이다.

그리스도장로교회에서 내 선임자 중 한 명이었던 찰스 맥고완 목사는 교리가 우리 믿음의 **뼈대**와도 같다고 말했다. 몸의 나머지 부분을 세우고 지탱하려면 뼈대가 필요하다. 하지만 뼈만 보이면 그 몸은 영양실조에 걸린 몸이거나 죽은 몸이다. 교리도 마찬가지다. 교리만 보인다면 그 기독교는 병들었거나 죽은 기독교다.

하지만 마리아의 경우, 예수님의 발치에서 얻은 건전한 교리의 뼈대는 믿음의 기초가 됐다. 세상 속으로 힘차게 달려 나가기 위한 믿음의 말초신경, 근육, 피부에 기초를 제공해 준 것은 바로 예수님의 가르침이었다. 예수님의 발치에서 마리아는 자신이 깊은 사랑을 받고 있다는 사실을 배웠다. 하지만 거기서 끝이 아니었다.

예수님의 발치에서 마리아는 예수님이 자신을 '좋아하신다는' 사실을 배웠다. 브레넌 매닝의 말처럼 누군가가 자신을 좋아한다는 사실을 알면 모든 게 달라진다.

> 애정은 누군가가 우리를 온전하게 진심으로 좋아한다는 확신의 안전한 울타리 안에서 깨어난다. 그 특별한 누군가가 있다는 사실만으로…… 내면에서 안도의 한숨이 나오고 안전하다는 강한 느낌이 솟아난다.[2]

브레넌 매닝의 말은 성경 말씀의 메아리와도 같다. 성경이 뭐라고 말하는가? 성경은 그리스도 안에서 우리가 하나님의 눈동자라고 말한다(시 17:8 참조). 성경은 그분이 우리로 말미암아 기쁨을 이기지 못하시며 우리로 말미암아 즐거이 부르며 기뻐하신다고 말한다(습 3:17 참조). 성경은 신랑이 신부를 사랑하듯 그분이 우리를 사랑하신다고 말한다(사 62:5 참조). 성경은 세상의 그 무엇도 우리를 그분의 사랑에서 떼어놓을 수 없다고 말한다(롬 8:38-39 참조).

우리가 이 진리를 진정으로 믿으면 어떻게 될까? 잠시 생각해 보라. 하나님은 그 아들 예수 그리스도의 크신 사랑과 희생으로 우리를 깊이 '좋아하신다.' 우리는 하나님께 증명해 보여야 할 게 하나도 없다. 우리는 사랑받는 상태에서 시작한다. 우리의 가장 중요한 일은 그리스도가 완성하신 일을 받아들이고 그 안에서 쉬는 것이다. 그분은 우리를 지독히 좋아하시며, 우리가 무슨 짓을 해도 그 사실은 변하지 않는다. 우리가 이 사실을 진정으로 믿으면 어떻게 될까?

하나님과 주변 사람들, 자기 자신에게 자신을 증명해 보이려고 하다가 지칠 대로 지친 우리 안의 마르다. 이 마르다가 여기에서 시작한다면. 멀찍이 떨어져 서 계시지 않고 가까이서 우리에게 두 팔을 활짝 벌리고 계신 하나님, 그분의 사랑 안에서 쉬는 것으로 시작한다면. 우리가 아버지 하나님이 독생자를 사랑하시는 것처럼 우리를 사랑하신다는 예수님의 말씀을 그대로 믿는 것으로 시작한다면. 예수님의 식탁에서 앉아 그분의 후한 대접을 받아들이는 것으로 시작한다면. 그분의 발치에 앉아 그분과 '함께하는' 것으로 시작한다면.

한번 그렇게 시작해 보자. 어느 순간부터 자연스럽게 예수님'처럼' 변해 갈 것이다.

⋮ **저자의 생각 읽기**

하나님을 섬기고 이웃을 사랑할 힘은 인간의 노력에서 나오는 게 아니다. 예수님이 완성하신 일 안에서 쉬고 그분의 선하심을 묵상하며 그분의 은혜와 진리를 받아들이면 자연스럽게 그 힘이 솟아난다.

⋮ **성경의 생각 읽기**   시 27:4; 갈 5:1

그리스도께서 우리를 자유롭게 하려고 자유를 주셨으니 그러므로 굳건하게 서서 다시는 종의 멍에를 메지 말라(갈 5:1).

⋮ **당신의 생각 읽기**

1. 당신은 '일' 중심인가, 아니면 '사람' 중심인가? 그런 성향이 하나님이나 대인 관계에 어떤 영향을 미치는가?

2. 하나님이 예수님을 통해 당신을 사랑하고 좋아하신다는 개념을 어떻게 생각하는가? 이 사실을 믿으면 삶의 방식이 어떻게 달라질까?

주

Part 1. ─────────────────────

1. 피상적인 교제, 외로움만 증폭되다

1. C. S. Lewis, *The Four Loves* (New York: Houghton Mifflin Harcourt, 1991), 121. C. S. 루이스, 《네 가지 사랑》(홍성사 역간).

2. 거울 속에 보이는 사람이 병들어 있다

1. David Brooks, "How to Be Religious in the Public Square," (강의, The Gathering, 2014).

Part 2. ─────────────────────

4. 상처를 준다는 건 상처가 많다는 뜻이다

1. Ann Lamott, *Bird by Bird: Some Instructions on Writing and Life* (New York: Anchor Books, 1995), 22. 앤 라모트, 《글쓰기 수업》(웅진윙스 역간).

5. 마음의 추락, 쿠션이 필요하다

1. Thom Rainer, "Pastors and Mental Health," *Thom S. Rainer* (블로그), 2014년 2월 26일, http://thomrainer.com/2014/02/pastors-and-mental-health/.

6. 비방의 독화살, 남도 쏘고 나도 쏜다

1. Scott Sauls, *Jesus Outside the Lines* (Carol Stream, IL: Tyndale, 2015).
2. Jon Ronson, "How One Stupid Tweet Blew Up Justine Sacco's Life," *The New York Times Magazine*, 2015년 2월 15일, http://www.nytimes.com/2015/02/15/magazine/how-one-stupid-tweet-ruined-justine-saccos-life.html.
3. Tim Kreider, "Isn't It Outrageous?," *Opinionator* (블로그), 2009년 7월 14일, http://opinionator.blogs.nytimes.com/2009/07/14/isnt-it-outrageous/.
4. Brené Brown, "Want to Be Happy? Stop Trying to Be Perfect," *CNN*, 2010, http://www.cnn.com/2010/LIVING/11/01/give.up.perfection/.
5. Tim Keller, "How Do You Take Criticism of Your Views?," *The Gospel Coalition*, 2009년 12월 16일, http://www.thegospelcoalition.org/article/how-do-you-take-criticism-of-your-views.
6. Brennan Manning, *Abba's Child* (Colorado Springs, CO: NavPress, 2015), 49. 브레넌 매닝, 《아바의 자녀》(복있는사람 역간).

7. 타인을 통제하는 건 하나님께 훈수 두는 것이다

1. P!nk, "Don't Let Me Get Me," *Missundaztood*, 2001.

8. 아직 흠이 있지만, 우리는 공사 중이다

1. Arlie Hochschild, "The State of Families, Class and Culture," *New York Times*, 2009년 10월 18일, http://www.nytimes.com/2009/10/18/books/review/Hochschild-t.html?_r=0.

2. 이런 품성들은 갈라디아서 5장 22-23절에 언급된 성령의 열매다.
3. Paul Tripp, *Dangerous Calling: Confronting the Unique Challenges of Pastoral Ministry* (Wheaton, IL: Crossway, 2012), 18-19. 폴 트립, 《목회, 위험한 소명》(생명의말씀사 역간).
4. C. S. Lewis, *Mere Christianity* (New York: HarperCollins, 2001), 110. C. S. 루이스, 《순전한 기독교》(홍성사 역간).
5. *A Beautiful Mind*, Ron Howard 감독, Universal Pictures, 2001.

9. 안 보이는 길을 비춰 줄 빛을 찾고 있다

1. "Russell Brand Talks Sex, Softcore & Hardcore Porn," YouTube video, 6:27, 2015년 2월 23일, Fight the New Drug가 올림, https://www.youtube.com/watch?v=5kvzamjQW9M.
2. Q Ideas, "How the Church Can Change a City," *Q Ideas*, http://qideas.org/articles/how-the-church-can-change-a-city/.
3. Chris Stedman, "Want to Talk to Non-Christians? Six Tips from an Atheist," *Q Ideas*, http://qideas.org/articles/want-to-talk-to-non-christians-six-tips-from-an-atheist/.
4. Madeleine L'Engle, *Walking on Water: Reflections on Faith and Art* (New York: North Point Press, 1995), 122.

10. 가족에게 기대하고 목맬수록 외로웠다

1. John Donne, "Meditation XVII."
2. *National Lampoon's Christmas Vacation*, Jeremiah Chechik 감독, Warner Bros., 1989.
3. D. A. Carson, *Love in Hard Places* (Wheaton, IL: Crossway Books, 2002), 61.

11. 기성세대가 정한 대본대로 움직이지 않는다

1. C. S. Lewis, *The Abolition of Man* (New York: HarperCollins, 2001), 19. C. S. 루이스, 《인간 폐지》(홍성사 역간).
2. Gabe Lyons, "In Defense of Down Syndrome Children ······ Like My Son," *Huffpost Religion*, 2012년 4월 8일, http://www.huffingtonpost.com/gabe-lyons/raising-children-with-down-syndrome_b_1260307.html.

12. 현실보다 더 분명한 진실을 본다

1. Steven Curtis Chapman, "Beauty Will Rise," *Beauty Will Rise*, Sparrow Records, 2009.
2. C. S. Lewis, "The Great Divorce," *The Complete C. S. Lewis Signature Classics* (New York: HarperCollins, 2007), 503. C. S. 루이스, 《천국과 지옥의 이혼》(홍성사 역간).
3. J. R. R. Tolkien, *The Return of the King* (New York: Random House, 1986), 246. 톨킨, 《반지의 제왕: 왕의 귀환》.
4. Blythe Hunt, "Homecoming," *Mundane Faithfulness* (블로그), 2015년 3월 22일, http://www.mundanefaithfulness.com/home/2015/3/22/homecoming.

13. 도움은 필요하지만, 폄하는 아프다

1. Andrew Revkin, "A New Measure of Well-Being from a Happy Little Kingdom," *New York Times*, 2005년 10월 4일, http://www.nytimes.com/2005/10/04/science/04happ.html?pagewanted=print&_r=0.

14. 인종 차별은 생각보다 뿌리 깊다

1. George Yancy, "Dear White America," *Opinionator* (블로그), 2015년 12월 24일, http://opinionator.blogs.nytimes.com/2015/12/24/dear-white-america/?emc=edit_ty_20151224&nl=opinion&nlid=54716909&_r=0.
2. 위와 같음.

3. Clander, "#7 Diversity," *Stuff White People Like* (블로그), 2008년 1월 19일, http://stuffwhitepeoplelike.com/2008/01/19/7-diversity/.

15. 사명과 탐욕 사이에서 늘 갈등한다

1. Henry David Thoreau, *Walden* (New York: Thomas Y. Crowell & Company, 1910), 8. 헨리 데이비드 소로, 《월든》.
2. Madeleine Levine, *The Price of Privilege* (New York: HarperCollins, 2009), Kindle edition.

16. 죄가 클수록 가장 용서가 필요한 사람이다

1. Sufjan Stevens, "John Wayne Gacy, Jr.," *Sufjan Stevens Invites You to: Come On Feel the Illinoise*, 2005.

17. 생명을 저울질할 수는 없다

1. Martin Luther King Jr., "The American Dream" (에벤에셀침례교회에서 전한 설교, 1965년 7월 4일).
2. Julian, *Letters 22*, Wilmer C. Wright 번역, Loeb Classical Library 157 (Cambridge, MA: Harvard University Press, 1923).

18. 담장 안에만 머무는 사랑은 사랑이 아니다

1. J. D. Greear, jdgreear의 트위터 글, 2015년 9월 5일, https://twitter.com/jdgreear/status/640151179490672640.
2. Chris Rock, *Head of State*, DreamWorks, 2003.

3. The Brilliance, "Brother," *Brother* (Integrity Music, 2015).
4. Lauren Boyer, "These Are the 20 Happiest Countries in the World," *U.S. News & World Report*, 2015년 4월 24일, http://www.usnews.com/news/articles/2015/04/24/world-happiness-report-ranks-worlds-happiest-countries-of-2015.
5. Henry David Thoreau, *Walden* (New York: Thomas Y. Crowell, 1910), 8. 헨리 데이비드 소로, 《월든》.

19. 정치적 입장이 달라도 함께 예배할 수 있다
1. Timothy Keller, *The King's Cross* (London: Hodder & Stoughton, 2013). 팀 켈러, 《왕의 십자가》(두란노 역간).
2. John Wesley, *The Works of Rev. John Wesley, A. M.*, vol. 4 (London: John Mason, 1824), 29.
3. Rodney Starke, *The Rise of Christianity* (New York: Harper, 1996), chapter 5, "The Role of Women in Christian Growth.", 로드니 스타크, 《기독교의 발흥》(좋은씨앗 역간).
4. Keller, *The King's Cross*. 팀 켈러, 《왕의 십자가》(두란노 역간).

20. 고난 속에서 하나님과 화해한 영혼이 가장 강하다
1. *Forrest Gump*, Robert Zemeckis 감독, Paramount Pictures, 1994.
2. 위와 같음.
3. Elisabeth Kübler-Ross, *Death: The Final Stage* (New York: Simon & Schuster, 1986), 96. 엘리자베스 퀴블러 로스, 《죽음 그리고 성장》(이레 역간).
4. Sarah Pulliam Bailey, "Joni Eareckson Tada on Something Greater than Healing," *Christianity Today*, 2010년 10월 8일, http://www.christianitytoday.com/ct/2010/october/12.30.html.
5. Joni Eareckson Tada, "God Permits What He Hates," *Joni and Friends*, 2013년 5월 15일,

http://www.joniandfriends.org/radio/5-minute/god-permits-what-he-hates1/.
6. Joni Eareckson Tada, *Hope ⋯⋯ the Best of Things* (Wheaton, IL: Crossway Books, 2008), 29.
7. Samuel Rodigast, "Whate'er My God Ordains is Right," 1676.
8. Brian Skotko, Susan Levine, and Richard Goldstein, "Self-perceptions from people with Down syndrome," *American Journal of Medical Genetics*, vol. 155, Issue 2011년 10월 10일, 2360-2369.
9. John Knight, "The Happiest People in the World," *Desiring God*, 2015년 3월 15일, http://www.desiringgod.org/articles/the-happiest-people-in-the-world.

Part 3. ─────────────────────

21. '예수님과 함께'가 먼저다
1. Jerry Bock, Joseph Stein, and Sheldon Harrick, *Fiddler on the Roof* (New York: Limelight Editions, 1964), 116.
2. Brennan Manning, *Abba's Child* (Colorado Springs, CO: NavPress, 2015), 46. 브레넌 매닝, 《아바의 자녀》(복있는사람 역간).